古人如何交朋友

笑闻 / 编著　　温雅馨 / 绘

江南无所有，聊赠一枝春。

目　录

春秋战国	001	知人善察谏好友，古稀功成利千秋　百里奚 蹇叔
	012	生我者父母，知我者鲍子也　管仲 鲍叔牙
	024	季子不忘故，脱剑带丘墓　季札 徐君
	036	四海之内，皆兄弟也　子夏 司马牛
	046	高山流水觅知音　伯牙 子期
	060	风萧萧兮易水寒　荆轲 高渐离

秦汉	074	始为刎颈之交，后竟不共戴天　陈余 张耳
	086	君子抱仁义，赴死如归者　栾布 彭越

三国两晋南北朝	098	道不同不相为谋　管宁 华歆
	108	在世得友王仲宣，终以驴鸣送其归　曹丕 王粲
	118	隐居竹林处，知己相伴　嵇康 山涛
	130	江南无所有，聊赠一枝春　陆凯 范晔
	140	吾虽不杀伯仁，伯仁由我而死　周颛 王导
	154	乘兴而行，兴尽而返　王徽之 戴逵

隋唐	162	莫愁前路无知己，天下谁人不识君　高适 董大
	174	君埋泉下泥销骨，我寄人间雪满头　元稹 白居易
	188	相异亦相知，万里寄深情　柳宗元 韩愈

宋	204	发与疏梅白，身将寡鹤亲　林逋
	214	劝我试求三亩宅，从公已觉十年迟　苏轼 王安石
	226	多情自古伤离别　李清照
	234	生死交情，千载一鹗　张千载 文天祥

知人善察谏好友,
古稀功成利千秋

子絜荐奚奚荐叔,
转相汲引布秦庭。

知人善察谏好友，古稀功成利千秋

朋友不但要在顺境中共享快乐，更要在逆境中相互扶持

春秋，宋国。

街市繁华，人来人往。一位衣衫褴褛的年轻人正端坐在大街上，身前摆着一个碗当众乞讨。年轻人用布条支起一个木架，上面写着："各位好心人，本人穷游到此，身无分文，请求大家赞助一点儿路费，他日功成名就，必定加倍奉还。"路过的宋人认定此人是个骗子，纷纷嗤之以鼻。

正当年轻人饿得四肢无力、眼神迷离之时，一枚布币落在了破碗里。年轻人喜出望外，抬头望向这位好心人，四目相对，竟一见如故。好心人见这个年轻人相貌不凡，就与他谈起一些时事，年轻人对答如流，说得头头是道。好心人想，像这样有才能的人不应该穷困潦倒哇！他索性邀请年轻人去他家中小住，这一住便长达数年之久。

这二人中，街边乞讨的便是后来大名鼎鼎的五羖(gǔ)大夫百里奚，另一位则是他的好朋友蹇叔。

百里奚出生于贫弱的虞国，为了寻找活路，他出国游历，周转于各个国家之间，寻找出人头地的机会。然而工作没找到，积蓄却先花光了。在蹇叔家借住的这段日子里,他无心看风景,忙着准备简历到处找机会。可惜靠谱的工作没几个,掉脑袋的陷阱却是一大堆。好在蹇叔这人特别聪明,犀利的眼神总能一下子戳穿骗局。

齐国的公孙无知杀掉齐襄公当了王,正在招兵买马。百里奚听说后就想去试试,蹇叔便劝他:"公孙无知这人不厚道,王位坐不长久,你还是别去了。"

百里奚听了蹇叔的话,断了去齐国的念头。没多久,蹇叔的"乌鸦嘴"灵验了:公孙无知不仅失去了王位,还丢了性命。

蹇叔替百里奚筛选掉许多不靠谱的工作,这让百里奚既感激又苦恼。他望月惆怅:"总不可能因为怕被骗,就一辈子住在你这里吧?"于是,有一次听说周釐(xī)王的弟弟王子颓喜欢斗牛,百里奚为了拍王子颓的马屁,就瞒着蹇叔悄悄跑去替对方养牛。很快,他获得了王子颓的信任,得到被重用的机会。

蹇叔知道此事,跋山涉水找到百里奚,苦口婆心地说:"王子颓这个人一看就靠不住,你可不能替他工作。"百里奚经不住蹇叔的劝,只好辞了放牛的工作乖乖跟蹇叔回家。不久以后,蹇叔的"乌鸦嘴"再次灵验:王子颓带人造反失败,下场惨烈。

年岁渐长,仍旧碌碌无为的百里奚想起家中妻儿,备感忧思。蹇叔看出百里奚的心思,陪他回到虞国,利用自己的人脉将他引荐给了虞国国君。百里奚高兴极了,心想:"这可是蹇叔推荐的工作,肯定靠谱。"

但蹇叔见过虞国国君后,又开始劝百里奚:"你们这个国君喜欢贪便宜,跟着他没前途。"百里奚这回没听蹇叔的劝,执意要留下来当官。他想:"我的年纪已经很大了,错过这次机会,以后可能再也找不到工作了。"蹇叔明白好朋友的心情,也就没继续劝说下去。他收拾好行李,没有与百里奚告别,默默回了宋国老家。

几年后,虞国国君果然像蹇叔说的那样,因为贪便宜把自己的国家拱手让给了晋国。百里奚这回没躲过劫难,古稀之年沦为了晋国的奴隶。晋献公的女儿出嫁到秦国时,百里奚作为陪嫁奴隶被送去了秦国。

前往秦国的路上,满头白发的百里奚遥望着好友蹇叔所在的方向,长久无言。他后悔没听蹇叔的话,他不甘心以奴隶的身份结束自己的一生,于是做了一个充满勇气的决定:逃跑。

深夜,趁着押送的士兵休息时,百里奚躲开巡逻士兵的监视,悄悄离开大部队,消失在漆黑的夜色中。可老天爷帮了他一把,却没有帮他第二把:百里奚刚跑到楚国边境,就被楚军当成奸细给抓了起来。楚军正准备处死百里奚,百里奚吓得赶紧毛遂自荐:"我养牛是一把好手,让我替你们放牛吧。"于是,百里奚捡回一条命,在楚国当起了放牛人。

秦国很快知道了晋国的陪嫁奴隶被楚国抓住这事。秦穆公本来不把这当一回事,他想:"不就跑了个70岁的奴隶吗,有什么大不了的?"但有个叫公孙支的官员早年听过百里奚的大名,就跟秦穆公说:"百里奚可是个人才,大王若是得到,称雄称霸指日可待。"

秦穆公起先没放在心上，但公孙支接二连三向秦穆公提起这人。终于有一天，秦穆公对百里奚这个"糟老头子"有了兴趣："我倒要亲自瞧瞧这人有没有你说的那番能耐。"

秦穆公命人花重金从楚国手里把百里奚赎回来，但他的手下提醒他："给的钱太多，楚国会起疑心，搞不好还会跟着来抢百里奚。"于是，秦穆公找人用五张黑公羊皮成功换回了百里奚，百里奚从此多了个"五羖大夫"的绰号。

百里奚刚到秦国，就得到了秦穆公的礼待。秦穆公不顾众人反对，和身为奴隶的百里奚在屋里彻夜长谈，被百里奚的才华深深吸引，执意要让他当大官，百里奚却果断回绝了秦穆公。秦穆公对百里奚更好奇了，心想这老头儿有个性啊，就问他为什么要拒绝。

百里奚告诉秦穆公："你说你赏识天下有才的人，我的好朋友蹇叔比我有才，希望你能请他出山。"

秦穆公当时正因为招募不到人才而发愁，听到还有人才没被其他国家抢走，心里乐开了花，对百里奚承诺："那你和蹇叔都来这里！"

于是百里奚给蹇叔写了一封信，信中说道："好朋友，多年没见，我很想念你。秦穆公这人挺靠谱的，你要不要和我做同事呀？"

蹇叔已经隐居多年，若是别人邀请他，蹇叔定会直接拒绝。但邀请他的可是好朋友百里奚，他必须去给好友把把关，看看他的新工作到底怎么样。见到秦穆公之后，蹇叔彻底放下了疑虑，并和百里奚一起留在了秦国。在百里奚和蹇叔共同辅佐下,秦穆公称霸西戎,开启了秦国的崛起之路。

　　蹇叔和百里奚都是才智过人的有识之士。蹇叔面对衣衫褴褛、落魄不堪的乞丐百里奚,没有因其外表而产生偏见,而是被他过人的才学吸引,不顾身份差异与他成为至交。更可贵的是,他三次在百里奚仕途选择上提出自己客观诚恳的意见,不怕对好友"泼冷水"。而百里奚呢,也没有因为自己获得了施展才干的机会就独断专行,他善于听从朋友的意见,正因如此他才两次躲过灾祸。

　　真心厚道,发自内心地欣赏对方,并且始终坦诚直言,不怕得罪对方;遇到好的机会不忘彼此成就,即便朋友到了古稀之年,也仍然相信他、支持他。这样的友情值得流传千古,让世人传颂!

人物名片

百里奚

百里奚：虞国人，号五羖大夫，春秋时期著名的政治家、思想家。

百里奚成为秦相以后，忠心地辅佐秦穆公教化秦国百姓，让利于民，为秦国的内政和外交做出了巨大贡献。他为人亲和，生活俭朴，对待政务也十分上心，秦国百姓因此非常爱戴他。据说他去世的时候，"秦国男女流涕，童子不歌谣，舂者不相杵"，可见他是一位得民心的好官。

百里奚在政治上非常有谋略，他的治国主张也体现出他兼爱、崇尚和平的思想追求。关于这点，我们来看一个小故事。

公元前648年前后，晋国正经历着一场灾荒，国君晋惠公思考再三，决定派人到秦国来买粮食。当时，晋国和秦国是邻国且有姻亲关系，但晋惠公曾对秦穆公言而无信，这让秦穆公耿耿于怀。晋国使者到来后，秦穆公便召见一众大臣，询问他们是否要给晋国粮食。一个名为丕豹的人因为与晋国有私仇，一心劝说秦穆公攻打晋国，他说："晋惠公这个人残忍无道，现在晋国灾荒，这不是天赐良机嘛！咱不如趁此机会讨伐他。"可百里奚却说："晋惠公固然对不起你，但晋国的百姓有什么罪呢？"在大臣们的规劝下，秦穆公最终决定给晋国运送粮食。秦国也因此番义举，笼络了晋国百姓的心。

蹇叔

蹇叔：宋国铚（zhì）邑人，春秋时期著名的政治家、军事家。

蹇叔到秦国做官以前，本是一个淡泊名利、与世无争的隐士。但他绝非平庸之辈，他身上有着胜过一般人的高尚品德与情操。

蹇叔成为秦相后，秦穆公曾向他请教图霸天下的良策。蹇叔回答说："夫霸天下者有三戒：毋贪，毋忿，毋急。贪则多失，忿则多难，急则多蹶。夫审大小而图之，乌用贪；衡彼己而施之，乌用忿；酌缓急而布之，乌用急。君能戒此三者，于霸也近矣！"能说出这样一番话，足见蹇叔是一个极有智慧的人。

文学拓展

孟子有一篇广为人知的说理散文《生于忧患，死于安乐》，其中就引用了百里奚被重用的典故。

生于忧患，死于安乐
战国·孟子

舜发于畎亩之中，傅说举于版筑之间，胶鬲举于鱼盐之中，管夷吾举于士，孙叔敖举于海，百里奚举于市。故天将降大任于是人也，必先苦其心志，劳其筋骨，饿其体肤，空乏其身，行拂乱其所为，所以动心忍性，曾益其所不能。

人恒过，然后能改；困于心，衡于虑，而后作；征于色，发于声，而后喻。入则无法家拂士，出则无敌国外患者，国恒亡。然后知生于忧患而死于安乐也。

这篇作品写于春秋战国时期，当时诸侯国之间战争频发，整个社会动荡不安。在此大背景下，一个国家要想长久存留下去，必定要发愤图强、励精图治，而不能安于一隅。

所以，一开篇作者就引出论据，归纳六个古代先贤的事例来说明"天将降大任于是人也，必先苦其心志，劳其筋骨，饿其体肤，空乏其身……"一个人只有经历过许多的艰苦与磨难，才能塑造出好的品质，最终有所成就和作为。

第二段中，作者从人的发展和国家兴亡两方面进一步论证，说明"生于忧患，死于安乐"的道理。人要在挫折中成长，国家也要在患难中长进，从而得以存活。

全文简明扼要，脍炙人口，描绘出了人在与困难做斗争中顽强生存并且为社会创造出价值的图景。

知识拓展

蹇叔哭师

在蹇叔留于后世的故事里，我们可以很明显地看到他的足智多谋和忠诚耿介。公元前628年发生的"蹇叔哭师"一事，就充分体现出了蹇叔的这些特点。

冬，晋文公卒。庚辰，将殡于曲沃。出绛，柩有声如牛。卜偃使大夫拜，曰："君命大事将有西师过轶我，击之，必大捷焉。"

杞子自郑使告于秦曰："郑人使我掌其北门之管，若潜师以来，国可得也。"穆公访诸蹇叔。蹇叔曰："劳师以袭远，非所闻也。师劳力竭，远主备之，无乃不可乎？师之所为，郑必知之。勤而无所，必有悖心。且行千里，其谁不知？"公辞焉。召孟明、西乞、白乙使出师于东门之外。蹇叔哭之曰："孟子！吾见师之出而不见其入也。"公使谓之曰："尔何知！中寿，尔墓之木拱矣！"

蹇叔之子与师，哭而送之，曰："晋人御师必于崤，崤有二陵焉。其南陵，夏后皋之墓也；其北陵，文王之所辟风雨也，必死是间，余收尔骨焉？"秦师遂东。

这个故事说的是，公元前628年，秦国安插在郑国的奸细给秦穆公传来消息，建议秦国偷越过晋国，出兵攻打郑国。秦穆公兴致勃勃地安排军队，想要跟奸细里应外合。蹇叔反对无效，便在秦军出师之前为全军哀哭。他认定秦国将士会被晋军偷袭，死在崤山。事实上，秦军后来确实如蹇叔所料，在崤山遭晋国军队伏击，三将被俘，士卒无一生还。

箪醪（dān láo）投川

箪醪投川是一个汉语成语，说的是古时候将领爱惜部下，把一樽酒倒入河中与部下同饮，表示自己与他们同甘共苦，以振奋士气。

《酒谱》中就记载了这么一个故事。春秋时期，秦穆公率军讨伐晋国。行至河边时他想犒劳士卒们，奈何手上只有一盅酒。这时，蹇叔说："虽一米投之于河而酿也。"秦穆公听了，就把手上的酒倒进河里，全军将士喝了河水都激昂亢奋起来，纷纷醉倒。

　　实际上，士卒们喝河水并不能尝出酒味，他们"亢奋"是为将领与他们共患难的这种心志所感动。

生我者父母,
知我者鲍子也

吾始困时,尝与鲍叔贾,分财利多自与,鲍叔不以我为贪,知我贫也。

生我者父母，知我者鲍子也

朋友，是困难时心甘情愿帮助你的人

公元前686年，齐襄公、公孙无知接连被杀，齐国内乱，一时无主。

公子纠正打算快马加鞭赶回齐国，却听说自己的弟弟公子小白已经先行一步。眼看就要与王位失之交臂，公子纠急得团团转。这时有人站出来，主动要求去拦阻公子小白……

那日，30乘兵车浩浩荡荡行进在从齐国通往莒国的路上。日头高照，尘土纷扬，领头这人稳稳站在最前面的兵车左侧，一手持弓，一手握箭，神情肃穆，目眺远方。就在他们经过即墨30里时，公子小白的人马恰好从莒国方向迎面而来。领头这人迅速排兵布阵，率人隐蔽在一旁。待公子小白走近，他举起弓箭瞄准公子小白腰腹，果断放出一箭。

只见公子小白应声倒地，抽搐了几下后不再动弹，嘴角溢出鲜血，仿佛死去一般。这人自以为大功告成，随即带领手下回去交差。

可是等他走远，公子小白又从地上爬起。他擦干自己咬破舌头流出的血，又摸了摸被箭射中的衣带钩："啧，幸好我有演死人的天赋。"

跟在公子小白身边的鲍叔牙长吁一口气："我兄弟也太猛了。"他看着来人离去的方向，心里不禁替对方捏了把汗。不过，当务之急还是快点儿把公子小白送回齐国。这么想着，鲍叔牙赶紧拉公子小白坐上马车，加速往齐国的方向赶去。当时公子小白还不知道，今天这个差点儿要了他命的人，将在不久之后成为他"九合诸侯，一匡天下"的得力助手。

这人正是鲍叔牙的好朋友、春秋时期的大政治家——管仲。

管仲才能出众、抱负远大，但无奈家里太穷，温饱都成问题，还拿什么支撑自己的理想呢？为了谋生，管仲跑遍东南西北，只要不犯法，什么工作都干。就是在这个过程中，他结识了影响他一生的好兄弟鲍叔牙。

鲍叔牙对管仲简直比亲兄弟还要亲，司马迁《史记·管晏列传》中记载了管仲描述鲍叔牙对自己的好：吾始困时，尝与鲍叔贾，分财利多自与，鲍叔不以我为贪，知我贫也。（管仲和鲍叔牙一起做生意，管仲因为穷，投的钱比鲍叔牙少，但拿的分红却比鲍叔牙多，而鲍叔牙对此并没有意见。）

这时，有人出来闲话了："老鲍，你这兄弟不够仁义呀，本来就吃你的穿你的，现在还光明正大占你便宜。要我说，贪财的人不可深交。"

鲍叔牙翻了个白眼儿："你懂什么？我兄弟家境不好，多分他点儿钱我乐意！"

两人还有两个故事：吾尝三仕三见逐于君，鲍叔不以我为不肖，知我不遇时。（管仲曾三次当官，次次都以被辞退告终，大家都怀疑他的能力，但鲍叔牙依旧相信自己的好友："我们管仲的优秀，你们这些凡夫俗子怕是欣赏不来。"他坚信，只要给管仲一个合适的机会，他这好兄弟一定能飞黄腾达。）

另一个就是：吾尝三战三走，鲍叔不以我怯，知我有老母也。（管仲曾豪情万丈地冲上战场，但三次上战场，三次都临阵脱逃。别人笑话管仲当逃兵，鲍叔牙继续力挺好友："你们的眼睛都长头顶了吗？没看见管仲家里还有老娘要养吗？他要是战死沙场，谁来代替他尽孝啊？"）

试想，一般人如果面对一个占自己便宜、事业上屡战屡败、打个架就懦弱逃跑的朋友，还爱得起来吗？估计得嫌弃得翻白眼儿了。可鲍叔牙就是这么爱管仲，不仅爱他，包容他，还能慧眼识才，看到管仲这块平凡"石头"里藏着闪闪发光的金子。

公元前698年，齐僖公驾崩。齐襄公上位后荒淫无道，人人自危。管仲和鲍叔牙分别跟着自己的主公——齐家二公子纠和齐家三公子小白，跑到鲁国和莒国避难。

几年后齐国再度内乱，公子纠和公子小白接到消息，都想抢先回齐国继承王位，这才有了开篇讲到的管仲带人伏击公子小白的故事。结果，公子小白诈死，先回到齐国登上王位，成了赫赫有名的齐桓公。

齐桓公上位后，鲍叔牙一直担心逃亡鲁国的管仲。这天，齐桓公早早命人把鲍叔牙请到自己面前："鲍老师，你有没有兴趣当齐国的相国呀？"

鲍叔牙一听，首先想到的却是管仲，他认为只有管仲可以胜任相国这个职位。他将了将自己的胡子，开口道："这事我干不了，不过我可以给你推荐个人。"

"谁？"

"管仲。"

齐桓公一听，脾气上来了："他？冲我射箭的一介莽夫，我没杀他就不错了，还请过来给我当相国。我怕是疯了吧！"

"话可不能这么讲……"鲍叔牙耐心地说服齐桓公，一一列举管仲的才能，"臣之所不若夷吾*者五：宽惠柔民，弗若也；治国家不失其柄，弗若也；忠信可结于百姓，弗若也；制礼义可法于四方，弗若也；执枹鼓立于军门，使百姓皆加勇焉，弗若也。"

眼见齐桓公被自己说动了，鲍叔牙连忙补充道："管仲当初射你一箭，是因为他忠于自己的主子。你把他要过来，善待他，那他之后不就忠于你了吗？"

听鲍叔牙这样讲，齐桓公也放下了心里的芥蒂。他仔细想想，管仲的才能和人品他也是认可的，所以就让鲍叔牙想办法，让鲁国把管仲给送了回来。

按鲍叔牙的要求，齐桓公隆重迎接管仲。他为管仲斋戒三日，还尊称管仲为仲父，管仲和鲍叔牙就此成为齐桓公的左膀右臂。他们一同协作，对内大力发展经济，让百姓的生活富起

---

*夷吾：是管仲的名。

来；对外尊周天子为上，以德行服天下诸侯国。

这一段，在《史记·管晏列传》中，管仲是这么说的："公子纠败，召忽死之，吾幽囚受辱，鲍叔不以我为无耻，知我不羞小节而耻功名不显于天下也。（公子纠失败了，我被关在深牢中受屈辱，但鲍叔牙还是不嫌弃我。只有他了解我不会为小节而羞，却会因为功名不曾显耀于天下而耻。）"

管仲对鲍叔牙的感激之情是溢于言表的，他内心万分感动于好友坚定不移地力挺自己，最后忍不住呼喊一句："生我者父母，知我者鲍子也。"

知音难觅，也许连父母都未必能彻底了解我们，那么能真正相知相惜，经历风霜，始终不离不弃的人更是可遇不可求。

管仲有非凡的才能，但他更感谢鲍叔牙的知遇之恩。历史上对鲍叔牙的评价是：识才荐贤不妒，谦和爱国忠君。拥有这样的好兄弟，管仲何其有幸。因此，"管鲍之交"后来也成为一个成语，用来形容人们之间长久深厚、彼此信任的友情。

人物名片

管仲

管仲：姬姓，管氏，名夷吾，字仲。

管仲是华夏名相，通过发展经济等措施，帮助齐桓公称霸诸侯。在《史记·管晏列传》中，有段文字这么描述管仲：

> 管仲既任政相齐，以区区之齐在海滨，通货积财，富国强兵，与俗同好恶。故其称曰：仓廪实而知礼节，衣食足而知荣辱，上服度则六亲固。四维不张，国乃灭亡。下令如流水之原，令顺民心。故论卑而易行。俗之所欲，因而予之；俗之所否，因而去之。其为政也，善因祸而为福，转败而为功。贵轻重，慎权衡。……管仲富拟于公室，有三归、反坫，齐人不以为侈。管仲卒，齐国遵其政，常强于诸侯。

管仲相齐时政令简洁易行，顺应百姓的需求来发展经济，使得齐国成为经济和军事强国。

鲍叔牙

鲍叔牙：姒姓，鲍氏，名叔牙。

他的一生可以说是甘当配角的一生：早年间辅佐公子小白逃亡莒国，后来又及时护送公子小白回到齐国继承王位。晚年，在管仲去世后，齐桓公坚持要让鲍叔牙称相，鲍叔牙提了一个要求，那便是要免去易牙、开方、竖刁这三个佞臣的职务。齐桓公照做了，但没过多久，他就因为想念这三人又把他们召了回来。鲍叔牙因此郁结在心，最后抑郁而终。

文学拓展

在几千年的历史长河中,"管鲍"二字早已成了高尚友谊的代名词,有无数的文人墨客赞颂过这份友谊,其中就有我们熟知的孔子、李白、杜甫等大家。这里我们一起来欣赏两首引用"管鲍之交"这一典故的代表诗作吧。

贫交行

唐·杜甫

翻手作云覆手雨,纷纷轻薄何须数。

君不见管鲍贫时交,此道今人弃如土。

这是一首歌行体的古诗。其中第一句"翻手作云覆手雨",就是指一些所谓"朋友"像云雨一样,一会儿趋合,一会儿离散,变化多端。这种酒肉朋友是多么不值得一顾。而从题目我们便不难推测出,此诗是杜甫对"贫交"即"交朋友不在乎对方经济条件如何"这一交友美德的赞美。

赠任华

唐·高适

丈夫结交须结贫,贫者结交交始亲。

世人不解结交者,唯重黄金不重人。

黄金虽多有尽时,结交一成无竭期。

君不见管仲与鲍叔,至今留名名不移。

这首诗是高适赠送给友人任华的。诗中提到黄金虽然贵重,但总有用完的时候,可一旦交到知心的朋友,那是永远可以相伴相行下去的。诗中对"贫交"的推崇,对"管鲍之交"的赞美,与杜甫在《贫交行》中所表达的观点不谋而合。管、鲍二人的交友之道对后世的影响由此可见一斑。

知识拓展

春秋五霸

"春秋"一般指的是东周前半期,即公元前770年至公元前476年,而齐桓公就是春秋五霸之首。这里的"霸"可不是恶霸的意思,而是取了"伯"的谐音,意思是诸侯之长。所以"春秋五霸"的含义便是那一特定历史时期的五位诸侯之长,也就是春秋时期实力最强大的五位诸侯。

公子

看到文中的"公子纠""公子小白",你会不会联想到古装剧里的翩翩公子?其实在先秦时期,"公子"有着特殊的含义。

以齐僖公为例,他是一国之君主,被尊称为"公",那么他的儿子就理所当然地被称为"公子"。齐僖公的二儿子名叫纠,所以就被称为公子纠;小儿子名叫小白,便被称为公子小白。同理,你能猜到先秦时期的"公孙"是什么意思吗?

战国四公子

在先秦时期的众多公子中,有四位公子鼎鼎大名,那就是"战国四公子"。他们分别是齐国的孟尝君、赵国平原君、楚国春申君和魏国信陵君。这四个人之所以能名留青史,统一的一点就是他们都礼贤下士,富有谋略,很有威望。而且他们各自也有出名的故事,给中国文化贡献了诸多典故或成语,比如信陵君"窃符救赵",孟尝君养"鸡鸣狗盗"之人为门客,又如平原君门客毛遂自我推荐与主公出使楚国的"毛遂自荐"等。

前文提到的窃符救赵中的"符"即是"虎符",是古代一种用于传达命令、调兵遣将的兵符。虎符最早出现于春秋战国时期,顾名思义是一只老虎的外形,分为两半,刻有铭文。其中一半由朝廷保管,另一半发给领兵将领。只有两半虎符经核对相合时,才能用它来调兵。

秦·阳陵虎符

季子不忘故,
脱剑带丘墓

始吾心已许之,
岂以死倍吾心哉。

季子不忘故，脱剑带丘墓

做人难在不欺心，守信重诺，超越生死

公元前544年，东周景王即位。同年，其下属诸侯国徐国的君主不幸病逝。徐国上下皆被哀思浸染，臣民无一不穿着丧服来悼念先君。

这时，有一个外乡人坐着马车疾驰而来，他隐忍悲痛的神情和身上所穿的符合规制的丧服，都表明他是来奔丧的。唯有他腰间佩带的一柄青铜宝剑与周遭的气氛格格不入。

此人是谁？什么样的人会在葬礼上特地佩带宝剑？这宝剑又是什么用意？要搞清楚这些疑问，我们得把时间拨回到17年前。

公元前561年，吴国第19代君主寿梦撒手人寰。寿梦有四个儿子：长子诸樊、次子余祭、三子余眛、四子季札。季札虽排行老四，才能德行却是兄弟中最出色的。寿梦也十分器重他，生前便有所嘱托，死后想让季札继位。

可是面对被推到自己跟前的君位，季札却选择了避让，只因他觉得这样的操作有违当时的嫡长子继承制。在他的推辞之下，大哥诸樊继位，代理执掌国政。

一年后，诸樊服丧期满，想把君位还给季札。季札不肯，还引用子臧让国的事迹来回绝："当初曹宣公死后，曹国臣民和各国诸侯都觉得现在的继承人不适合，想让曹国公子子臧做国君。可子臧选择了离开曹国，以此来成全已经继位的新国君。大家纷纷称赞子臧能够恪守节义。大哥您作为长子，本就是合理的继位人，谁能反对呢？我虽平庸，但也希望能够效仿子臧的大义。"

此番大义凛然之词仍无法劝退诸樊和众人要季札做君主的决心，无可奈何之下，季札只好抛弃家产，跑到山野间种起了地。诸樊明白了弟弟的态度，只好不再勉强。

诸樊共计在位13年，于公元前548年逝世。诸樊在死前留下遗命，要把君位依次传给弟弟，直至季札。也就是规定自己死后，君位会传给二弟；二弟死后再传给三弟；三弟死后，四弟季札顺理成章继位。交代完这些，诸樊才安心辞世。或许在他看来，只有这样才能在九泉之下无愧于父亲寿梦的遗愿。

之后，二哥余祭继位，季札被分封在延陵，因此有了"延陵季子"的称号。在二哥上任的第四年（公元前544年），季札又多了一重身份——出使各国的"外交官"。

二哥交给季札一项重要使命，派他去鲁国"观周礼"，并顺道与那些相隔甚远、平日里不太来往的北方列国友好交流一番。此等重任季札果断接下，二话不说，收拾好行囊启程了。

季札从吴国出发，向着西北方的鲁国行进，中途要先经过徐国。季札自然遵循礼仪拜访了徐君。徐君与季札相谈甚欢，只是每次交谈不出半刻钟，徐君的视线就会不自觉地移动到季札佩带的宝剑上，流露出欲言又止的神情。季札把这些小动作都看在了眼里，并在心中暗暗记下了。

身负重任的季札并未在徐国多作停留，匆忙告别后，他继续踏上前往鲁国的路途。这一年，他在鲁国欣赏了周朝的宫廷音乐，在齐国劝说晏子弃官保命，在郑国叮嘱子产要以礼治国，在卫国称赞卫地多君子，在晋国预言了三家分晋的局面……兜兜转转就到了该返程回吴的时候，但在回程中，季札还有一件心事未了——他得再去一趟徐国。

然而路途中，徐君过世的消息传入季札的耳朵。因此他此番到徐，一为吊唁，二为兑现自己的"承诺"。

初到徐国时，季札便从徐君的眼神中看出了他对自己宝剑的喜爱，他当时就很想把宝剑赠送给徐君。奈何当时季札还有出使任务，宝剑作为一种礼仪配饰，也是他身份地位的象征。因此，尽管他有心意，也无法当下就把佩剑赠予徐君。于是他便想着等到出使完毕，回程途中路过徐国时再把佩剑送给徐君。

这是他在心里默默向徐君许下的承诺。

可天不遂人愿，徐君在季札返程前就病逝了，而后便有了开头那一幕——季札带着宝剑来吊唁徐君。

季札将佩剑从腰间取下，郑重地交给嗣君。这一举动吓得一旁的随从连忙制止："万万使不得呀！这宝剑可是咱们吴国的国宝，怎么能送人呢！"季札只好将来龙去脉说与众人——

他是如何看出徐君对宝剑的喜爱，又是如何在内心筹划这件事的，还补充道："始吾心已许之，岂以死倍吾心哉！（当初我内心已经答应了他，怎能因为徐君之死就违背我自己的心愿呢！）"

嗣君闻言，先是一愣，随后道："先君无命，孤不敢受剑。（先君没有遗命，这把宝剑我不能收。）"

见嗣君不肯接受，季札干脆直接把剑挂在了徐君墓前的树上，之后便离开了徐国。

后来这件事被当时在场的人流传了出去，听闻者无不夸赞季子的深情，甚至有歌者为此作了《徐人歌》，歌曰："延陵季子兮不忘故，脱千金之剑带丘墓。"延陵挂剑的故事就这样一直流传不息。

岁月流转间，季札的二哥亡故，三哥余昧也在即位第四年驾鹤西去。他死前遵照大哥的遗命，传位给弟弟季札。不得不说，季札的三位哥哥都是胸怀大义之人，不争不抢，只为让他们心中最贤能的季札成为君主，治理吴国。尽管如此，季札仍在避让，眼看推托不过，他干脆故技重施，又一次归隐而去。

如果说"三让王位"彰显的是恪守礼法的节义，"延陵挂剑"则诠释了人与人之间承诺的最高境界——即使没有字据、言语等约束佐证，也不违背诺言，一切只遵从于内心。

人物名片

季札

　　季札：姬姓，名札，姑苏人。春秋时期政治家、外交家、文艺评论家，史称延陵季子。

　　季札宽厚仁德，贤名远扬。吴王寿梦临终前有意将王位传给他，但季札不肯接受。吴王没办法，只好让大儿子诸樊暂摄朝政。后来诸樊想将王位还给季札，季札依旧不肯接受。诸樊战死后留下遗命，要完成先王的遗愿，采取"兄终弟及"的王位继承方式，达到将王位传给四弟季札的目的。等到吴王寿梦的三个儿子接连去世，王位非季札不可时，季札依旧选择躲避。吴王的人选开始出现争议，由此引发了历史上著名的一场刺杀——专诸刺王僚。

徐君

徐君：徐国的国君。

《东海郡徐氏宗谱》有记录："四十三世，亘，东周定王时承袭徐国第四十三代国君，生一子。四十四世，章禹，周灵王时嗣位，至周敬王八年被吴所灭，生一子。"

《鲁西徐氏宗谱》记载："亘，周定王时嗣位。章禹，周灵王时嗣位，至周敬王八年为吴所执，失国。"也就是说，在周灵王在位时的公元前571年—公元前545年，徐国国君是嬴亘，嗣君是章禹。再对比《徐偃王传》以及《史记·吴太伯世家》记载的季子出使徐国时间，均是周景王元年，即公元前544年，二者的记录仅仅差一年，这应该是修谱时的纰漏所致。由此可以大致确定，公元前544年与季札会面的徐君是嬴亘，嗣君是章禹。

文学拓展

《别房太尉墓》

季札,这个被孔子推崇的圣人,被司马迁称赞的君子,因为"季札挂剑"的名声在历史中占据一角。从此,季札作为诚信守诺的榜样,得到历朝历代文人雅客的赞咏,延陵季子的典故也因此出现在许多名诗佳作中。

唐代诗人杜甫对季札十分推崇。他被贬至成都草堂时,曾去好友房琯的墓前拜谒,写下悼亡诗《别房太尉墓》:

别房太尉墓

唐·杜甫

他乡复行役,驻马别孤坟。

近泪无干土,低空有断云。

对棋陪谢傅,把剑觅徐君。

唯见林花落,莺啼送客闻。

杜甫从骑马驻足在孤坟前开始写起,诉说着房琯晚年的凄苦。这凄凉的环境很难让人联想到房琯生前身为太尉的辉煌。杜甫站在好友墓前,突然联想到了季札当年在徐君墓前挂剑的场景,便自比季札,借此表达自己与房琯的深厚情谊。

在另一首《哭李尚书》中,杜甫再次说道:"欲挂留徐剑,犹回忆戴船。"前半句又一次提到季札和徐君的典故,可见杜甫对他们之间真挚感情的赞叹。

季札观乐

季札出使鲁国时,曾在那里欣赏了继承自周朝的歌舞表演。他在观看过程中对乐曲进行了非常专业的点评,他的评论后来受到许多文学大家的高度赞誉。

南宋文学家叶适曾道:"季子之观乐,以音声论义理。"

明末清初的文学批评家金圣叹也曾说："每一歌，公子皆出神细听，故能深知其为何国何风。今读者于公子每一评论，亦当逐段逐字，出神细想，便亦能粗粗想见其为是国是风也。不然，杂杂读之，乃复何益？"

季札观乐时到底做出了何种精妙绝伦的点评呢？让我们一起来赏读一番。

当乐工为他演奏周、召等地的音乐时，季札点评道："美哉！始基之矣，犹未也，然勤而不怨矣。"当乐工为他演奏邶（bèi）、鄘（yōng）、卫等国的音乐时，季札点评道："美哉，渊乎！忧而不困者也。吾闻卫康叔、武公之德如是，是其《卫风》乎？"当乐工为他演奏齐国的音乐时，季札点评道："美哉，泱泱乎，大风也哉！表东海者，其大公乎？国未可量也。"

当然，季札并不是只会写好评，他在听完许多音乐后，也做出了隐喻的评价。譬如当乐工为他演奏郑国的音乐时，季札点评道："美哉！其细已甚，民弗堪也。是其先亡乎？"当乐工为他演奏陈国的音乐时，季札点评道："国无主，其能久乎！"

季札对于音乐的评价并非处处夹杂着对政事的议论，也有许多是听完音乐后的直观感受。比如听完《颂》时，他点评道："至矣哉！直而不倨，曲而不屈；迩而不逼，远而不携；迁而不淫，复而不厌；哀而不愁，乐而不荒；用而不匮，广而不宣；施而不费，取而不贪；处而不底，行而不流。五声和，八风平；节有度，守有序。盛德之所同也。"

季札的这种欣赏习惯与理论分析，也影响了后世的文学评论风格。《文心雕龙》《诗品》等文学评论著作也都保持着这一评论特色。

此幅《延陵挂剑图》描绘的，即是季札再次来到徐国祭祀徐君的情景。此幅画作高远与深远相结合，远景为烟云缭绕的山峰叠嶂，近处是数棵参天大树，而季札就在树下朝徐君的陵墓参拜，气氛沉静肃穆。

《延陵挂剑图》（局部）明·张宏

知识拓展

吴越铸宝剑

徐国在春秋时期是东夷地区最强大的国家,堂堂徐国国君为何会相中季札的佩剑呢?这不得不提到吴越地区的铸剑文化。

吴越人在历史上并非一直都是"江南文人"的形象,早在春秋战国时期,吴越人就展现出了"勇武好剑"的性格。《汉书·地理志》中记载:"吴、越之君皆好勇,故其民至今好用剑,轻死易发。"

据考古发掘所知,宝剑的铸造技术在西周时期的吴地便已萌芽,而后传入越地。在吴、越两地的共同发展下,至春秋晚期,铸剑工艺达到了巅峰。这时期涌现出不少知名的铸剑大师,如欧冶子、干将等。

季札的侄子,也就是"专诸刺王僚"的幕后主使吴王阖闾,据说十分热衷搜集宝剑。他交给专诸用来行刺吴王僚的宝剑,便是由铸剑大师欧冶子所铸造的,为中国古代十大名剑之一——鱼肠剑。《梦溪笔谈》记载:"鱼肠即今蟠钢剑也,又谓之松文。取诸鱼燔(fán)熟,褫(chǐ)去胁,视见其肠,正如今之蟠钢剑文也。"《淮南子》中也曾记载:"夫纯钩,鱼肠之始下型,击之不能断,刺之不能入。"由此可知,以鱼肠剑为代表的吴越宝剑有着纹饰精美、锋利无比的特点,可见春秋时期吴越地区铸剑工艺之成熟。

春秋时期,刀剑武器多为战场使用,但当时吴国所铸造的宝剑并非只用来打仗,更是社会地位的象征。吴王命铸剑师大量铸造宝剑,并以宝剑赏赐有功之人。季札作为吴王阖闾的叔叔,身上佩带的宝剑自然价值不菲,难怪徐国国君见了宝剑后目不转睛。

不光是徐君,楚王对吴越地区的宝剑也垂涎已久。传说他曾派楚国的铸剑大师风胡子前往吴越地区,找来欧冶子和干将这两位铸剑大师合作,铸造了三把绝世名剑,分别为龙渊、泰阿、工布。

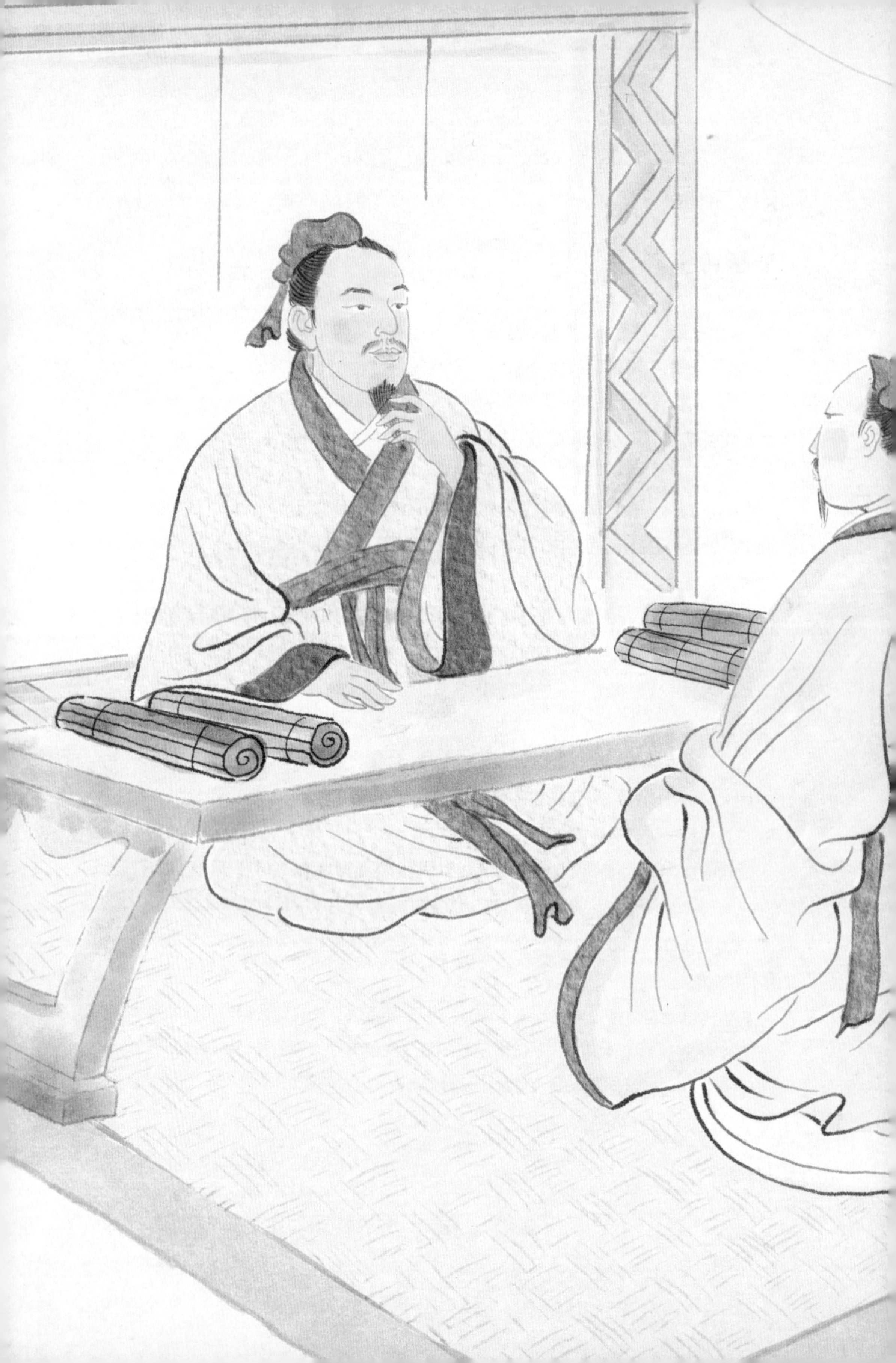

四海之内，
皆兄弟也

君子何患乎无兄弟也？

四海之内，皆兄弟也

谨慎、谦恭、坦荡做人，自然会有许多朋友

公元前481年某日，春秋宋国。

司马牛怀揣金圭前往宫室，为二哥司马桓魋(tuí)的所作所为向宋景公请罪，并交还了自己手上的封邑和金圭。

"你大哥向巢已经去了鲁国，你怎么也要走？"

"二哥桓魋在您面前犯了大错，我们做兄弟的也是同罪。即便您今天对桓氏格外开恩，我也没有脸面在这里继续待下去了。"司马牛伏在宋景公脚下，言辞恳切地说。

宋景公见状，明白眼前这人强留不住，便随他去了。司马牛如蒙大赦，从宫室返回，连夜收拾包袱离开家，前往齐国。

原来，司马牛有四个兄弟，四人都在宋景公手下谋差。大哥官职是左师，二哥官职是司马，两个弟弟都跟着备受宠爱的二哥做事。司马牛虽然不当官，但在宋国也有自己的封邑，况且他还是孔子的弟子。可以说，这一家人都是有权有地位、受人景仰的人。

不过，他们五个虽为亲兄弟，性格和志向却不尽相同。司马牛跟随孔子后，崇尚以"忠、孝、仁、义"为核心的儒家文化，为人处世克己本分。二哥司马桓魋却充满野心，不满足于司马之位，想要从宋景公那里谋取更多。正是这种野心使司马桓魋后来起兵，最终他兵败溃逃，其谋害君王的罪状也牵连其他几个兄弟无法继续在宋国安身。

大哥向巢逃往鲁国；司马牛交还了封邑和金圭，逃去齐国；两个弟弟子颀、子车见哥哥们纷纷离去，也结伴逃离了宋国。原本兴盛和睦的家庭就这样分离四散，司马牛为此一直伤心不已。

这天，孔子和一众弟子在屋里谈经论道。司马牛也在其间危坐，但他看上去心事重重，始终苦着一张脸，不知道在想些什么。

"子牛，你有什么问题要跟大家探讨吗？"

突然被点名的司马牛恍了恍神，似乎是为掩饰自己走神的窘态，他迅速从脑子里翻出一个问题："老师，什么样的人才称得上是'君子'呢？"

孔子捋捋胡须，回答道："君子不忧不惧。（所谓君子就是不忧愁，也不恐惧的人。）"

司马牛又问："不忧不惧，斯谓之君子已乎？（不忧愁也不惧怕，就称得上是君子了吗？）"

孔子答道："内省不疚，夫何忧何惧？（如果你反省自己，发现没有做什么愧对别人的事，那有什么可忧虑和恐惧的呢？）"

司马牛听了以后一知半解，依旧愁眉不展："人皆有兄弟，我独亡（别人都有自己的兄弟，就我没有）。唉，如今家族衰败，亲人分离，我一想起这个就难过。"他一边说，一边唉声叹气。

见平日里一说话就眉飞色舞的司马牛，如今因兄弟失和分散一事闷闷不乐，同学们都沉默下来，不知该如何安慰他。

一旁的子夏微微叹息一声，对司马牛说道："商闻之矣：死生有命，富贵在天。君子敬而无失，与人恭而有礼，四海之内皆兄弟也。君子何患乎无兄弟也？（我听说，人的生死都是由命运决定的，你这一生能不能大富大贵也看上天的意思。所以呀，不要因为你兄弟和你志向不同就难过。你只要做好自己，对待工作一丝不苟，对待旁人谦恭有礼，五湖四海之内的人都将是你的朋友。你干吗要担心自己没有志同道合的兄弟呢？）"

听完子夏的话，司马牛豁然开朗：谁说兄弟一定要有血缘关系呢？这天底下能够与我心意相通、品性相合的人，不都可以成为我的好朋友、好兄弟吗。

"子夏说得有理。"司马牛笑了起来，"到底是我格局太小。"

这以后，司马牛便严于律己，坚持提高学问和修养，与其他同学相互陪伴上进，不再为家事愁苦了。

司马牛修习儒学，厌恶不忠不义的叛徒行为，所以痛心于自己的兄弟做出欺君叛乱之事。为了坚持自己的信仰和底线，司马牛与亲兄弟割断关系，不再往来，但血缘亲情又牵绊着他，当他看见别人兄友弟恭时，不免生出心酸和悲切。然而，子夏的话安慰了司马牛，"四海之内皆兄弟也"，把心放诸四海，和更多不同出身、不同处境的人相互理解，相互尊重，心胸就会变得宽阔起来。

人物名片

子夏

子夏：卜商，字子夏，春秋时期晋国人，著名思想家、教育家，孔门十哲之一，撰有《子夏易传》。

子夏家境贫困，拜孔子为师后，就跟随孔子周游列国。他在孔子学生中可谓佼佼者，与孔子论学时总能发表一些独到的见解，令孔子称赞。

有一回，子夏问孔子《诗经》中"巧笑倩兮，美目盼兮，素以为绚兮"一句要怎么理解。孔子回答他："绘事后素。"子夏一点就透，答曰："礼后乎？"孔子听了很高兴，认为子夏已经可以跟自己谈论《诗经》了："起予者商也，始可与言《诗》已矣。"

公元前479年，孔子去世，那之后不久，子夏前往魏国教学。他在魏国收了很多学生，其中就有著名的改革家李悝和吴起，就连魏国的开国君主魏文侯也拜他为师。因而，子夏又有了"帝王师"之名，这可是孔子都不曾拥有的名号。

孔子去世后的几十年里，子夏的成就和影响力无疑是最大的。一方面他继承了孔子的教育思想，并且在一些地方做了创新；另一方面他没有死守孔子之道，而是根据当时的社会需要，提出了一套延展儒家正统政治观点的政治和历史理论，真正把儒道应用到实践中。这正体现出他"仕而优则学，学而优则仕"的主张。

司马牛

司马牛：司马耕，字子牛，春秋时期宋国人，孔门七十二门之一。

《史记·仲尼弟子列传》中记载司马牛是一个多言而躁的人。这一性格特质，从他向孔子问"仁"的小故事里可以看出来。

司马牛问"仁"。

子曰："仁者，其言也讱。"

曰："其言也讱，斯谓之仁已乎？"

子曰："为之难，言之得无讱乎？"

孔子的意思是，要司马牛在言谈上谨慎克制，不说让别人为难的话。

文学拓展

《诗经》是中国最早的诗歌总集,也是儒家经典之一。孔子说:"不学《诗》,无以言。"可见《诗经》在儒学中的地位之高。

《诗经》的内容非常丰富,有反映劳动和爱情的,有体现战争和奴役的,还有描写动植物的,等等。在此,我们选择其中一首来赏析。

诗经·卫风·木瓜

投我以木瓜,报之以琼琚。

匪报也,永以为好也!

投我以木桃,报之以琼瑶。

匪报也,永以为好也!

投我以木李,报之以琼玖。

匪报也,永以为好也!

先看结构。这首诗歌很明显分成了三个句式相同的部分,每个部分只更换了少数名词。这是诗歌或散文中常用的一种表现手法:复沓。复沓可以让诗歌读起来更加朗朗上口,并且强化诗歌想要表达的情感。

读过《诗经》的同学应该会发现,其中的很多诗歌都用到了复沓的手法。这是为什么呢?因为在古代,诗歌是用来吟唱的,就像我们今天的歌词,人们会给不同的诗歌配上不同的音乐。因此,运用复沓不仅使诗歌更容易记忆,吟唱时还会更有节奏感。

再看内容。诗歌中的"匪"同"非",表示"否、不是"。木瓜、木桃、木李并非我们今天所说的木瓜、桃子、李子,而是一类不怎么好吃的果子。琼琚、琼瑶、琼玖指的则是美玉一类的饰物。

所以,这首诗歌的大意为:你送我木瓜,我赠你琼琚,这不是为了回报,而是想和你永远相好!你送我木桃,我赠你琼瑶,这不是为了回报,而是想和你永远相好!你送我木李,我赠你琼玖,这不是为了回报,而是想和你永远相好!

中国人一向讲究"礼尚往来",而这首诗歌中的礼物,从价值上来看显然是不对等的，它想表达的真是礼尚往来的意思吗？其实，这首诗歌的重点在于"重义轻利"：收到什么礼物不重要，重要的是对方的心意。为了这份心意，我愿意将珍贵的美玉赠予你，不是为了报答你的礼物，而是真心想要跟你交好。

　　这道理和"千里送鹅毛，礼轻情意重"一样。我们与别人交往时，利益得失其实没有那么重要。情义无价！只要在别人真心待我们的时候，我们也用真心回报他，这就足够了。

知识拓展

孔子七十二门

　　文中的司马牛和子夏都是"孔子七十二门"之一，而"孔子七十二门"即孔子弟子中精通六艺的 72 名弟子。这 72 名弟子不仅是孔子众多弟子中才学出众的，也是孔子思想的坚定追随者和传播者。其中比较著名的有子渊（颜回）、子路（仲由）、子贡（端木赐）、子游（言偃）、子舆（曾参）……

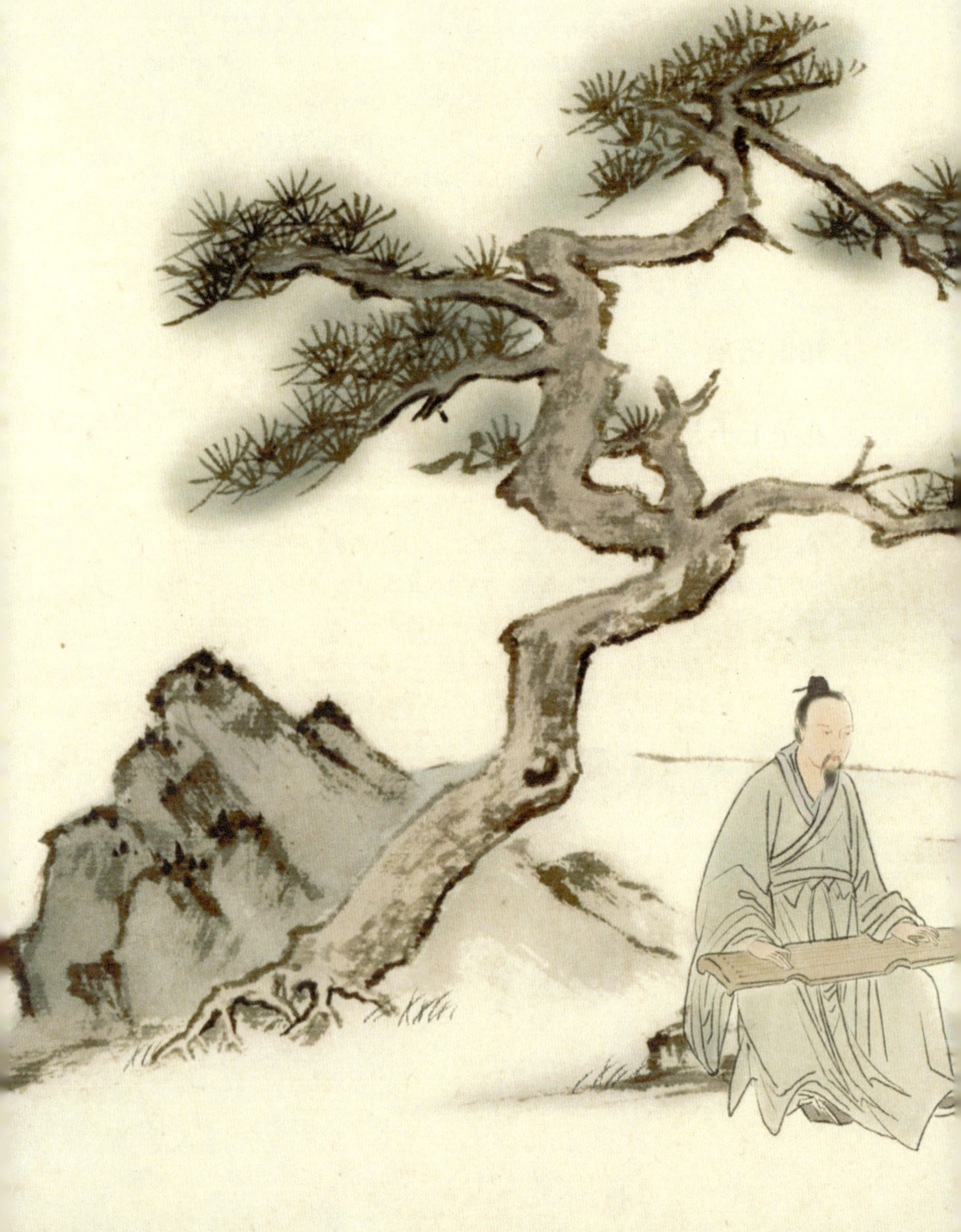

高山流水觅知音

春风满面皆朋友,欲觅知音难上难。

高山流水觅知音

这世上能称为知音的人很少很少，有一个就足够幸运

春秋时期，汉阳境内的长江宛如一条闪烁的银带，绕过两岸青山，蜿蜒远去。近处则群鸟啁啾，江水拍岸，沿岸绿树倒映在江面上。

长江北、青山南，一艘官船缓缓驶来，停靠在成片浓荫之下。不多时，船头响起了婉转悠长的琴音，而奏出这琴音的人，正是精通琴艺的伯牙。

伯牙这时刚从楚国探完亲，坐船而回，途经汉阳。不料下午突遇雷雨和大浪，船只不得不在附近的小山下暂时驻留。等了许久，雷声终于远去，雨势渐息，江浪也慢慢平静下来。伯牙这时走出船篷，欣赏起雨后的景色。

他看见两岸青山笼罩在一片昏暗当中，江水滔滔，浩瀚而恢宏，似乎在回应方才的隆隆雷声。这壮阔的景象让他心中霎时涌起一股磅礴之气，无以言表，唯有诉诸琴弦。于是不一会儿，雄浑的七弦琴音就在这雨后的江畔飘荡开来，钻入深林。

琴音越发澎湃激昂，仿佛有破竹之势。突然，一根琴弦绷断了!

　　伯牙惊愣一下,心中感到蹊跷。他抬眼看去,幽暗之中,隐约可见一个人站在小山上,朝他这边望着。而这个穿戴蓑衣、斗笠,静静听他演奏的樵夫就是钟子期。

　　"你是什么人?在这里做什么?"

　　"在下不过一名樵夫。"子期拱手说道,"刚才在山洞避雨,出来就听见先生的琴音,自觉这曲调甚是美妙,便寻了过来。"

　　"你可听得懂我刚刚弹奏的是什么曲子?"

　　子期爽朗一笑,对刚刚的曲子作了一番解说。伯牙听了,暗暗吃惊:"想不到阁下对七弦琴如此了解。"

　　"只是有点儿兴趣罢了。"

　　见子期没有离去的意思,伯牙把琴弦接好,又弹奏起新的曲子。他一边抚琴,一边回忆起自己的泰山之行。那泰山是何等巍峨呀:群山绵延,云蒸雾绕,独玉皇顶高耸其间,一览众山小。

　　伯牙将心中所感传入指尖,琴音也变得浑厚起来。子期听着,不由得感叹道:"善哉乎鼓琴,巍巍乎若太山。"

　　闻言,伯牙看向子期,只见子期临岸而立,双眼望向浩渺的江面。顺着子期的视线,伯牙忆起刚才暴雨之时,江面上起伏的浪涛滚滚而来,甚是壮观。而今一切重归平静,但长江水面依旧那样宽广,奔腾不息。

　　这么一想,他指尖的琴音又变得昂扬起来。子期听着,又说道:"善哉乎鼓琴,汤汤乎若流水。"就像凡是伯牙心中有感、寄寓曲中的，他都能一一领悟。

见子期与自己如此投机，伯牙不禁欣喜若狂。自己寻求知己多年而未果，如今只是在这小山脚下稍作停留罢了，竟能遇到一位知音！他赶紧邀请子期上船，与他互换姓名，饮酒畅谈，结拜为兄弟。

伯牙对子期感慨道："善哉，善哉，子之听夫志，想象犹吾心也。吾于何逃声哉？（你光是听我的琴声就可以揣度出我的意念，我该把自己的心思藏到哪里去呀？）"

就这样，很快夜幕垂落，船上的两人仍是相见恨晚，不舍别离。他们整整聊了一夜，直至天际泛白，子期才起身告辞："一夜未归，家里人怕是担心坏了。"

伯牙虽多有不舍，却不好强求子期随他同去："那来年今日，我们再在这里相见如何？"

"好哇！"子期爽快地答应下来，"还能再听你弹琴，求之不得！"

远处山头，天色开始泛红，伯牙和子期终于在晨曦中依依作别，各自踏上了回家的路。

一年时光转瞬即逝。

伯牙重新来到了与子期相识的地方，周围景色依旧，而故人却迟迟没有露面。眼看日头越升越高，伯牙不免担忧起来："怎么说也时隔一年了，子期该不会忘记了吧？莫不是有什么事情耽搁了？还是……"

浓密的绿叶在头顶上簌簌作响，扰得伯牙不能安心。他停下抚琴的手，对随从喊道："我到前面村子去找个人，你就在这里等我。"说罢，他将七弦琴背起，三步并作两步跨上岸，消失在了蜿蜒的山路中。

伯牙依照子期告诉他的住址寻过去。他来到集贤村，遇见一位老者，就向他打听钟子期。

"先生莫非就是伯牙？"老者问道。

"在下正是。"伯牙心中疑惑，"老先生怎么知道我的呢？"

"唉！"老者长叹一声，将子期染病去世的事情告诉了他，"他说要把坟墓修在长江沿岸，这样就能听你的琴声，也算没有辜负跟你的约定了。"

伯牙悲痛万分。他随老者来到子期的坟墓前，大哭一场："忆昔去年春，江边曾会君。今日重来访，不见知音人。但见一抔土，惨然伤我心！伤心伤心复伤心，不忍泪珠纷。（想起去年的春天，曾与你一同在江边相会。今日再来此处，却已见不到知音人，面前只是一个坟墓，这情景让我伤心。伤心，除了伤心还是伤心，眼泪忍不住纷纷落了下来。）"

哭完，他收起哀伤，在墓碑旁盘腿坐下，而后把七弦琴置于腿上，开始弹奏起来。

集贤村的男女老少听说晋国有上大夫来给子期上坟，也呼啦啦地跑来看热闹。他们见伯牙在死人坟前弹琴，心里不解，议论纷纷，很快又纷纷散去。伯牙见状，心中更感悲伤。果然，除了子期以外，没有人能领悟他的琴音。现在子期去世，他还能弹琴给谁听呢？

一曲终了,伯牙起身,将七弦琴摔碎于子期墓前:"子期子期兮,你我千金义,历尽天涯无足语,此曲终兮不复弹,三尺*瑶琴为君死。(钟子期呀钟子期,你我的情谊千金难买,以后我就算走到天涯海角,也遇不到能和我畅谈之人了。这首曲子我以后不会再弹了,就让这把瑶琴给你陪葬吧。)"

　　伯牙和钟子期,一个是晋国上大夫,一个是楚国砍柴人。有着不同身份与人生经历的他们本该毫无交集,却因为琴音结下了深厚情谊。在伯牙看来,人生中能够遇见这个与自己心意相通、情投意合的人,是极其难得且珍贵的。

　　因此,子期去世后,伯牙认为世上再无人能懂他的琴声,遂摔碎七弦琴,以示终身不再弹琴。这正是:

> 摔碎瑶琴凤尾寒,子期不在对谁弹。
> 春风满面皆朋友,欲觅知音难上难。
> 势利交怀势利心,斯文谁复念知音。
> 伯牙不作钟期逝,千古令人说破琴。

　　人生难得一知音。伯牙为子期绝弦固然令人惋惜,但他对友情的珍视却无比动人。他们的故事流传了千百年,直到今天,人们还在用"知音"来形容这种相知相惜的朋友。

*尺:春秋时期,一尺约为20多厘米。

人物名片

伯牙

伯牙：伯氏，名牙，春秋时期楚国人，任职晋国上大夫，是当时非常有名的琴师和作曲家，被人们尊称为"琴仙"。

在民间传说中，还有的版本认为伯牙为俞氏，全名俞伯牙，但这种说法其实并不正确。《列子·汤问》中提及伯牙子期的故事，是以伯牙为名："伯牙善鼓琴，钟子期善听。"《荀子·劝学》中提及伯牙时，也直呼其名："伯牙鼓琴，而六马仰秣。"《吕氏春秋·本味》中同样有记载："伯牙鼓琴，钟子期听之。"东汉高诱还在底下对伯牙的名字注解道：伯姓牙名，或作雅。

既然伯牙就是本名，那俞伯牙这个名字又从何而来呢？原来，钟子期的老家是汉阳集贤村，那里的人一直以子期为荣，把他和伯牙的故事编成了一句俚语："子期遇伯牙，千古传知音。"明代小说家冯梦龙曾为编写《警世通言》一书，到汉阳集贤村走访。可他不懂当地方言，就把"遇"误当成"俞"，写下了《俞伯牙摔琴谢知音》。《警世通言》完成后影响很大，流传甚广，俞伯牙这个名字也就传开了。

钟子期

钟子期，名徽，字子期。春秋战国时期楚国汉阳人。

《吕氏春秋·金钟篇》讲述钟家人世代为乐官。据相关文献记载，钟子期曾是楚宣王和楚威王时期的宫廷乐师。公元前340年，楚宣王死，楚威王继位，威王喜欢钟子期的演奏，便让女儿芈月跟钟子期学艺。芈月嫁往秦国后，钟子期回到家乡，从此以砍柴为生。

文学拓展

伯牙、子期的知音故事在后世许多诗人的作品中,都曾作为典故出现。李白就曾引用这个故事,写过一首《月夜听卢子顺弹琴》。

月夜听卢子顺弹琴
唐·李白
闲夜坐明月,幽人弹素琴。
忽闻悲风调,宛若寒松吟。
白雪乱纤手,绿水清虚心。
钟期久已没,世上无知音。

这天晚上,李白坐在月色里听隐士卢子顺弹古琴。头两句交代当时环境,寥寥几笔,勾勒出清冷月光下琴声悠悠、两人对坐的闲淡景致。虽然悠闲,却也蕴含着一丝寂寥,为后文的情感转折做铺垫。

后四句相继提到四首琴曲,《悲风》《寒松》《白雪》《绿水》。"悲风调""寒松吟"相对,既夸奖卢子顺的琴声动人,又塑造出一种萧瑟悲愁之感;"乱纤手""清虚心"相对,说卢子顺弹奏《白雪》时手指可以快速移动变换,弹奏的《绿水》曲叫人听了清心养性,可见他琴技之高超。

最后两句引出伯牙与子期的典故,暗指世上能够听懂古琴的人很少,为卢子顺空有琴技却不被欣赏而嗟叹,也为诗人自己怀才不遇而感慨。

全诗基调不算忧伤,甚至最后的感叹也像是随口一说而已。但正是这种不经意的唏嘘,反凸显了诗人内心渴望遇见知音、觅得伯乐的强烈愿望。

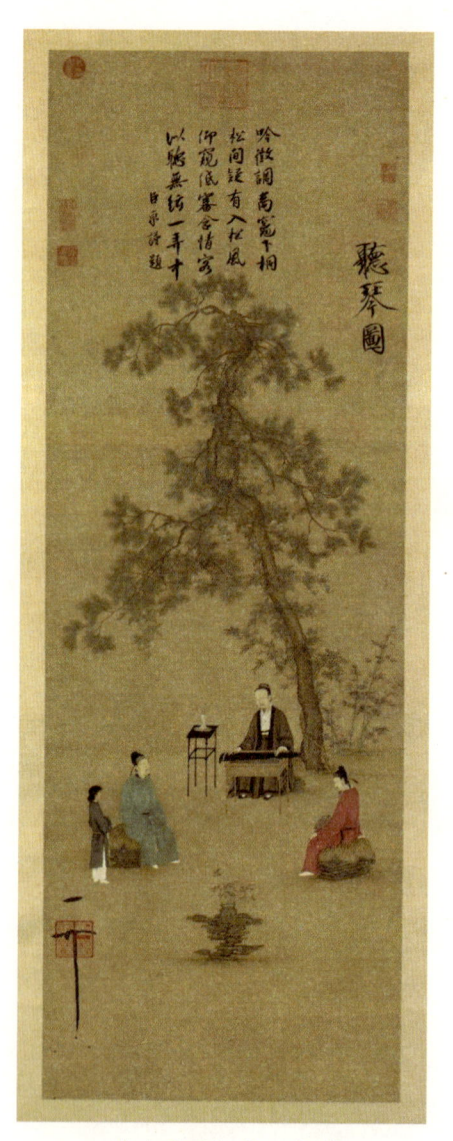

古琴既然在中华传统文化中作为"高雅"的广泛象征，有关"听琴"与"弹琴"题材的著名画作自然也不少。如此幅《听琴图》，作者身份没有统一说法，据传为宋徽宗赵佶亲笔。图卷中弹琴的宋徽宗身着道袍，坐于一棵枝叶茂密的苍松之下，弹琴给两位官员听。图中有青竹、香炉、清供，其清净的意境使观者仿佛也能听到悠扬的琴韵在松竹间流动。

《听琴图》宋·赵佶

知识拓展

什么是古琴

古琴又称瑶琴、玉琴、七弦琴,为中国传统拨弦乐器,流传至今已有3000多年的历史,属于中国非物质文化遗产,也是世界非物质文化遗产。

关于古琴的起源,古籍中有说伏羲造琴的,也有神农、黄帝等造琴的传说。东汉蔡邕记载:"伏羲作琴。"《礼记》却说:"舜作五弦之琴,以歌南风。"桓谭的《新论》中又说:"神农之琴,以纯丝做弦,刻桐木为琴。至五帝时,始改为八尺六寸*。虞舜改为五弦,文王武王改为七弦。"可见虽然各家说法不一,古琴历史渊源却十分深厚。

古琴是汉民族最早的弹弦乐器,也是中国历史上地位极崇高的乐器。先秦时期,古琴就被人们视为高雅的代表,广泛应用于祭祀、朝会、典礼等场合。《诗经》中就有关于琴的文字记载:"鼓钟钦钦,鼓瑟鼓琴""琴瑟在御,莫不静好"。可知当时,古琴在民间已非常流行,很受平民百姓的喜爱。

在历代文人士大夫的心目中,古琴总是占据着很高的地位。魏晋时,嵇康曾评价古琴:"众器之中,琴德最优。"《礼记》说"士无故不撤琴瑟",就是要求基层以上的官员每天都弹琴或听琴,以此修身养性,陶冶情操。孔子也十分推崇古琴,他曾向师襄子学琴,相传还因思念颜回作出《泣颜回》曲,流传后世。

古琴的发展到两宋时期可谓达到顶峰,当时朝野上下无不以会琴为荣。明清时期更是流派众多,人们开始大量刊印琴谱。我国现存最早的古琴谱集《神奇秘谱》就是明朝初期编撰而成的。近现代以来,古琴随大量国人出海,传到世界各地,也因此逐渐成为西方人心目中东方文化的典型象征。

*寸:一寸约等于0.03米。

古曲《高山流水》

《高山流水》是中国十大古曲之一，相传为伯牙所作，曲名取自钟子期所答"巍巍乎若太山"和"汤汤乎若流水"。此曲原为一曲，唐代分为《高山》《流水》二曲。

古琴曲中，以川派琴家张孔山改编的《流水》最有特色。据载，明清流传下来的《流水》琴谱均为 7 段或 8 段，唯有张孔山的《流水》是 9 段。他在第 6 段全用"滚、拂"手法模拟流水声，气势磅礴、余音悠扬，有"七十二滚拂流水"之称，遂广为流传。

古筝曲中，则以浙江武林派的传谱最有影响力。区别于其他流派，浙江筝派的《高山流水》运用"大指摇""夹弹"等手法，又借鉴了琵琶、扬琴等乐器的演奏技法，曲调优美，极具特色。

《伯牙鼓琴图》元·王振鹏

另外，中国十大古曲分别是：

《高山流水》（古琴曲）

《广陵散》（古琴曲）

《平沙落雁》（古琴曲）

《梅花三弄》（古琴曲）

《十面埋伏》（琵琶曲）

《夕阳箫鼓》（琵琶曲）

《渔樵问答》（古琴曲）

《胡笳十八拍》（古琴曲）

《汉宫秋月》（琵琶曲）

《阳春白雪》（琵琶曲）

古琴

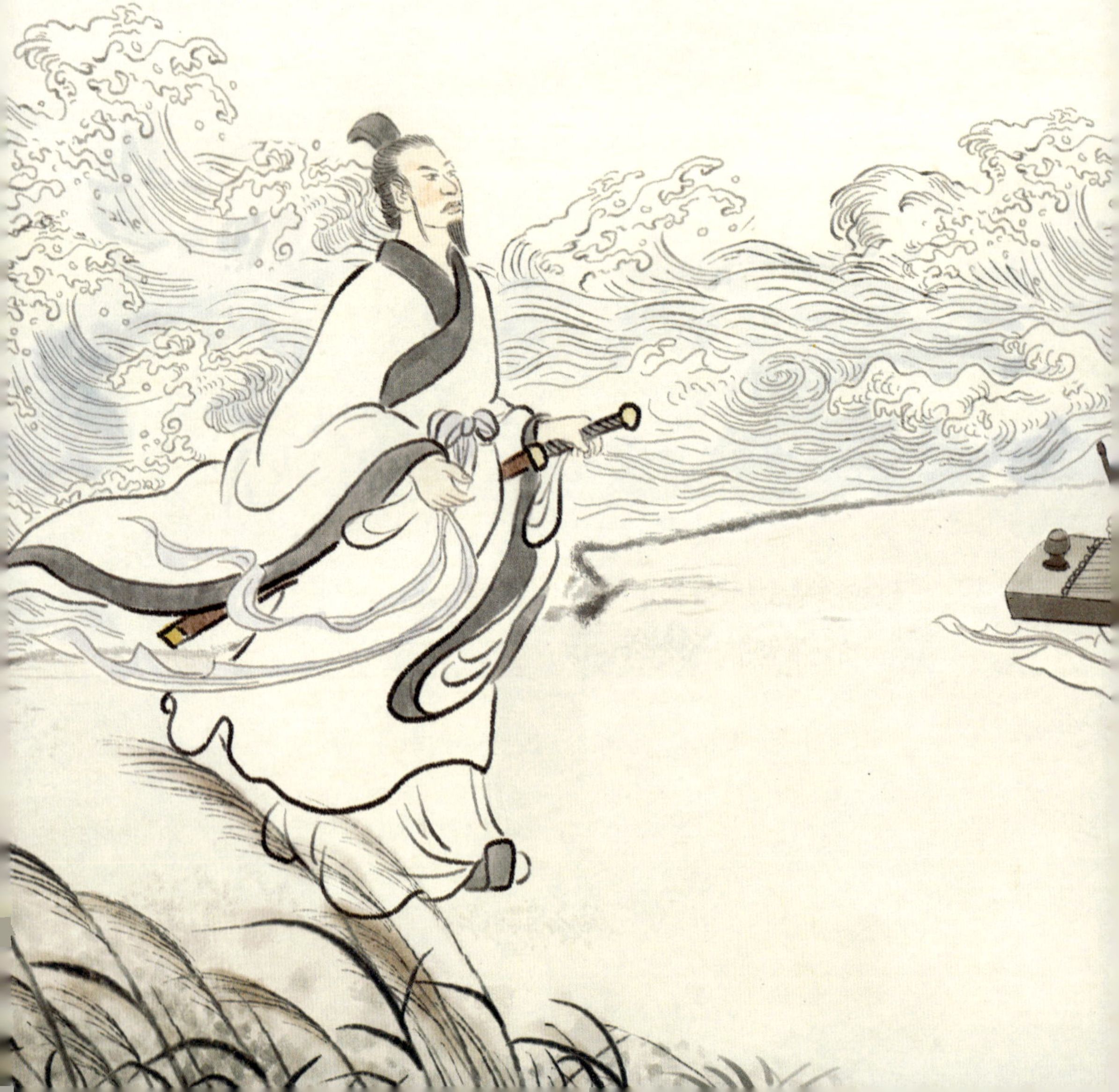

风萧萧兮易水寒

风萧萧兮易水寒,
壮士一去兮不复还。

风萧萧兮易水寒

不管你坠得有多深，
我永远是给你托底的人

公元前227年秋日，易水河畔。

燕太子丹和一众宾客皆着一身素缟，站在萧萧北风之中，为即将赶赴秦国的荆轲、秦舞阳送行。帐幕已经设好，酒食也已备下。众人向路神行过礼后，纷纷举起酒杯对天祝告，而后把酒洒于大地。

流水淙淙远去，在北风的推搡下发出无节奏的拍岸声，仿佛在向临行之人发出最后的挽留。每个人都面露哀色，不忍将目光放在荆轲和秦舞阳身上。这时，骤然有筑*声响起。高渐离不知何时坐到了荆轲身旁，只见他左手抚琴，右手握一竹尺，有规律地击打着筑弦。筑声时而高亢时而低沉，时而哀婉时而昂扬。

听到如此悲壮的筑声，荆轲面向易水，往秦国的方向望去。南方似有黑云迫近，天下危在旦夕。随即，他开始高歌，歌声凄怆，萦绕回旋。不一会儿，他往前又走了几步，歌声变得激昂起来："风萧萧兮易水寒，壮士一去兮不复还。"直唱得众人悲从中来。

---

*筑：中国古代的一种击弦乐器，形似筝。演奏时，左手按弦的一端，右手执竹尺击弦发音。

等到歌声戛然而止，像是心有灵犀一般，筑声也停息了。荆轲同秦舞阳一起坐上马车，直奔秦国，一路都没有回头。他们身后，高渐离缓缓从筑旁站起，看着荆轲的背影渐渐被车马扬起的尘土吞没，他说了一句："再见，兄弟。"

送走荆轲后，高渐离很快就和太子丹一行人分开，独自背着筑回家去了。那天之后的很多个晚上，他都彻夜难眠，一边心存荆轲能够平安回到燕国的侥幸，一边又担心他刺杀秦王的计划失败。

如此日复一日，高渐离始终陷在无止境的愁绪当中。

多年前，荆轲还是一个周游列国的侠士，他常常四处奔走，拜访名儒，但始终没能做成什么大事。后来他来到燕国，认识了一个狗屠夫和擅长击筑的高渐离，三人相谈甚欢，从此结为知己。

荆轲非常喜欢喝酒，他时常跟狗屠夫和高渐离一起在街市上买酒痛饮。等喝得起兴了，高渐离就开始击筑，荆轲则和着音乐唱歌。三人在大街上一会儿哭，一会儿笑，丝毫不在意身旁来来往往的行人。

看上去，荆轲总跟酒徒混在一起，似乎不太正经，但其实他私下里很爱读书，为人也十分稳重。在燕国与他交好的，除了狗屠夫和高渐离之外，还有许多豪杰义士，其中就有一个名叫田光的隐士。正是田光，把荆轲推向了刺杀秦王的不归路。

原来，公元前228年，秦国统一天下的步伐日渐逼近易水，直指燕国。燕太子丹为此深感忧虑,他希望有人能够站出来,为燕国解决燃眉之急。最终,太子丹通过田光找到荆轲,他将刺杀秦王一事委托给荆轲,并且用各样珠宝美玉礼待他。

荆轲很清楚,去秦国刺杀秦王,必然要先取得秦王的信任。于是他对太子丹说:"夫樊将军,秦王购之金千斤,邑万家。诚得樊将军首与燕督亢之地图,奉献秦王,秦王必说见臣,臣乃得有以报。(秦王在大力通缉樊於期将军,如果我能带着樊将军的首级和燕国督亢的地图前去,把它们献给秦王,秦王一定会接见我,这样我才有机会动手。)"

然而,太子丹不忍杀樊於期,荆轲只好自己去见樊於期,劝说他为大义献身。另一边,太子丹早已命人购得一把极为锋利的匕首,让工匠淬以毒液,又找到秦舞阳,让他做荆轲的助手。

临行当日,知道这件事的人们都穿着白衣来易水边给荆轲和秦舞阳送行。在好友高渐离的筑声中,荆轲留下自己的千古绝唱,断然离去。

荆轲和秦舞阳很快就抵达了秦国。

那天,荆轲手捧装有樊於期首级的木匣,秦舞阳端着藏有毒匕首的地图,一起上前觐见秦王。秦舞阳年纪尚小,一见秦王威严,紧张得浑身发抖。

荆轲这时站出来,说:"北蕃蛮夷之鄙人,未尝见天子,故振慑。原大王少假借之,使得毕使于前。(这小子是北方蛮夷人,从来没见过天子,所以现在被您的神威震慑住了。希望大王能够宽容他，让他完成自己的使命。）"

秦王听了，就叫荆轲把秦舞阳手上的地图拿上来。捆成一卷的地图在秦王面前缓缓展开，末端，一把匕首明晃晃地显露出来。荆轲猛地抓住秦王的衣袖，抄起匕首往秦王身上刺去。可惜秦王受惊跳起，挣断了衣袖，荆轲未能刺中。

秦王随身携带长剑，但事发突然，剑一时不能拔出。在荆轲的追赶下，两人绕着大殿的铜柱跑了起来。当时，殿中没有带刀的侍卫，在场的大臣们也惊慌失措。正在双方僵持之时，一个名叫夏无且的医官用自己手上的药袋砸向荆轲，又有侍从提醒秦王拔剑。秦王遂拔剑出鞘，砍伤了荆轲的左腿。

荆轲倒在铜柱边，被秦王连番猛击。他自知事情不能成功，反而仰天长笑起来："我本想活捉你，迫使你将诸侯的土地都归还他们，可惜了……"话未说完，侍卫们已冲上前来，纷纷举起闪着寒光的刀挥向荆轲。

荆轲和秦舞阳行刺失败，秦王大怒，随即命人攻取燕国，并且通缉太子丹和荆轲的门客。门客们纷纷逃散，荆轲的好友高渐离也改姓更名，收起筑，躲到一个叫宋子的地方，给人当起了酒保。

时间就这样缓缓流逝，高渐离孤身在酒家做着各种劳苦工作。他不能再与朋友一同饮酒歌唱，也无法击筑来排解忧愁，加上燕国倾覆、好友殒命，他的内心隐藏着巨大痛苦，无人诉说。

一天，他偶然听见客堂上有人击筑，不由得凝神细品起来。品着品着，他开始评论人家的技艺。旁边的侍从听见了，就去报告主人，主人便叫高渐离到堂前击筑。高渐离寻思自己不能隐姓埋名一辈子，就到房间里换好衣服，取了筑，给大家弹奏。高渐离的筑声美妙至极，宋子城一带的人都非常喜爱，他们也因此常常邀请高渐离去家里做客。很快，高渐离的名声就传到秦王耳朵里，他遂命人将高渐离带到跟前。

尽管知道高渐离是燕国人，又是荆轲的好友，应当杀了以绝后患，但秦王爱惜高渐离的才华，不忍取他性命。左思右想后，秦王派人熏瞎高渐离的眼睛，让他留在自己身边击筑。

高渐离每次击筑，总能讨秦王的欢心。日子一长，秦王也就消除了对他的戒心，甚至会靠近听他演奏。也许，秦王以为留高渐离一命是给他的莫大恩惠，可对高渐离而言，国破家亡、友人惨死的经历，在他心里埋下的只有复仇的种子。

为了给荆轲报仇，给燕国报仇，高渐离忍下在秦宫所受的屈辱，暗暗谋算着复仇之计。他想办法拿到了一些铅块，把它们放进筑中。这一日，他又跟往常一样到秦王面前击筑，筑声清丽悠扬，秦王很快就沉浸于优美的乐曲中，不知不觉走到高渐离身旁。高渐离虽然无法看见秦王的位置，但是他能听，能感受。就在秦王离他一步之遥时，高渐离猛然举起面前的筑往秦王头上砸去。秦王大惊，向一旁躲避，高渐离砸了个空。

最终，和他的好友荆轲一样，高渐离刺杀秦王不成，反被秦王杀死在宫中。

荆轲和高渐离的友谊既包含了兄弟长情，也展现出家国大义。他们俩一样出身平凡,一样放浪不羁,同为性情中人,同样慷慨侠义。

当荆轲身负重任前往秦国时,高渐离没有出于个人私情挽留和规劝,他为荆轲击筑,用乐声表达深情。荆轲死后,秦王吞并燕国,高渐离隐姓埋名了一段时间,但他骨子里的志气未消,为朋友和家国复仇的念头始终汹涌澎湃。他隐忍,接近秦王,同好友荆轲一样以一己之力与强大的秦王对抗。

虽然最终他们都失败了,但他们之间的情谊,他们为故土献身的大义,千百年来感动着、激励着无数后人。

人物名片

荆轲

荆轲：战国末期卫国人，战国时期著名刺客，也称庆卿、荆卿、庆轲。

荆轲是古代四大刺客（分别是荆轲、专诸、聂政、豫让）中影响最大的人，因为他刺杀的是秦始皇嬴政。关于刺杀失败的原因，有人认为是荆轲剑术不精，当时和荆轲有过一面之缘的鲁句践听说荆轲刺秦失败的消息后，感叹了一句："嗟乎，惜哉其不讲于刺剑之术也！"荆轲也曾找剑客盖聂切磋剑术，盖聂对荆轲的评价："曩（nǎng）者吾与论剑有不称者，吾目之；试往，是宜去，不敢留。"虽然盖聂和鲁句践对荆轲的剑术没有过多赞赏，但能被太子丹选中去执行这么重要的刺杀任务，荆轲肯定有着过人之处。《史记·刺客列传》记载："荆卿好读书击剑。"或许荆轲被选中，正因为他不光懂剑术，还懂得谋略。

高　渐　离

高渐离：战国末期燕国人，琴师，擅长击筑。

　　如果说荆轲刺秦是不得不为的任务，高渐离刺秦却是完全可以避免的。高渐离为了替好友荆轲报仇，选择了一条布满荆棘之路，最终演绎出一幕壮阔的悲剧，全面诠释了"士为知己者死"这句话。在这场飞蛾扑火的刺杀中，高渐离通过击筑在民间出名，最终声名远扬，得到秦王的召见，并在获得秦王的信任后才展开复仇计划。这足可说明，高渐离不光是一位技术精湛的琴师，更是一位懂得谋略、擅长隐忍的大智之人。

文学拓展

历史上许多文人墨客都被刺客们舍生忘死、慷慨就义的侠客精神感动,为他们写下一首首赞歌。李白读完《史记·刺客列传》一篇时,曾诗兴大发,写下一篇掷地有声的读后感:

结袜子

唐·李白

燕南壮士吴门豪,筑中置铅鱼隐刀。

感君恩重许君命,太山一掷轻鸿毛。

这首诗的前两句里包含了两位刺客的历史典故,"燕南壮士吴门豪",指的便是燕国的高渐离和吴国的专诸,这二人皆以行刺出名。"筑中置铅鱼隐刀",指的是他们的行刺手段:高渐离在筑中暗藏铅块伏击秦始皇,专诸则是将匕首暗藏在鱼腹中刺杀吴王僚。

"感君恩重许君命,太山一掷轻鸿毛。"这两句是全诗的主旨,诗人先肯定了这些侠士为了道义将性命置之度外的决心。他们宁愿冒着死亡的风险也要去执行刺杀任务,心中的信念感是多么强烈呀!之后诗人以司马迁《报任安书》中"人固有一死,或重于泰山,或轻于鸿毛"这句话来点明自己的生死观:为知己而死,死得其所。

除了李白之外,还有其他诗人也对荆轲与高渐离的那份情谊念念不忘,比如唐朝诗人贾岛游经易水,写下《易水怀古》一诗,感叹:"荆卿重虚死,节烈书前史。我叹方寸心,谁论一时事。至今易水桥,寒风兮萧萧。易水流得尽,荆卿名不消。"

又比如骆宾王于易水边送别友人时,突然想到了当年的荆轲与高渐离,结合自己曾被诬陷入狱,后奔赴幽州、燕州的现实境遇,他悲从中来,写下《易水送别》:"此地别燕丹,壮士发冲冠。昔时人已没,今日水犹寒。"

知识拓展

中国古代乐器知识

1. 筑

高渐离是史料中记载的最早的击筑者,《史记·刺客列传》中记载:"荆轲既至燕,爱燕之狗屠及善击筑者高渐离。"

筑是中国古代的击弦乐器,外形与古琴类似,有十三条弦,弦下边有柱。《汉书·高帝纪》中记载:"状似琴而大,头安弦,以竹击之,故名曰筑。"

筑在战国时期流传甚广,但自宋代以后便已失传,不知其貌。直到 1993 年,考古学家在西汉长沙王后渔阳墓中发现了失传千年的筑的实物,后人才得以目睹筑的真面目。

筑

2. 缶

缶原本是一种陶罐,是古代盛水或盛酒的容器。《说文解字》对缶的解释就是:"缶,瓦器所以盛酒浆,秦人鼓之以节歌。"在盛大宴会之上,人们喝酒尽兴之时便会敲打着酒器,发出悦耳的声音,这便是"击缶"的由来。

鎏金铜缶

击缶是古代下层平民百姓的娱乐方式。《盐铁论》中有记载："往者民间酒会，各以党俗，弹筝鼓缶而已。"

关于"击缶"，最著名的典故与秦国的另一位君王嬴稷有关。渑池之会上，秦王嬴稷酒酣之时让赵王为自己弹瑟，赵王便弹起了瑟。结果，秦王让史官记下这件事情，赵国相国蔺相如察觉出秦王是在羞辱赵王，便要求秦王替赵王击缶。秦王不肯，蔺相如便以自己的性命威胁秦王，秦王只好勉强答应。而蔺相如也同样叫史官记下了这件事情，算是以其人之道还治其人之身。

3. 编钟

编钟是古代大型打击乐器，兴起于周朝，盛行于春秋战国，是等级与权力的象征。古代编钟多用于宫廷演奏，尤其在征战、祭祀等活动中出现较频繁。

编钟不光在世界音乐史上有着极高的历史价值，其上雕刻的铭文更是记载了一段段鲜活的历史。比如，曾侯乙墓中出土的一件编钟上刻着一段铭文："隹王五十又六祀，返自西阳，楚王酓（yǎn）章乍曾侯乙宗彝，奠之于西阳，其永用享。"

这段铭文为我们记载了一段被史书遗忘的人和事。当年，楚昭王被吴王阖闾打败，一路奔逃到随国，当时随国的国君便是史书中未曾留下只言片语记录的曾侯乙。曾侯乙不惧吴国，坚决不交出楚昭王。后来曾侯乙去世，楚昭王之子楚惠王得知曾侯乙生前喜爱乐器，便命人铸造了青铜编钟作为陪葬。所以这件青铜编钟，也见证了春秋晚期楚国与随国间牢固的盟友关系。

荆轲 高渐离

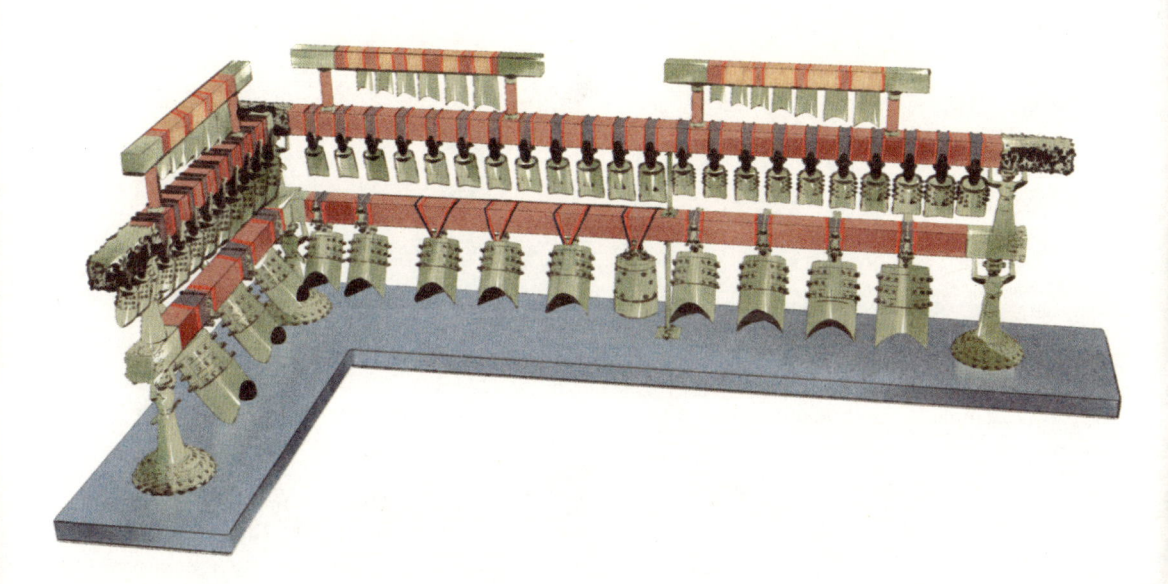

编钟

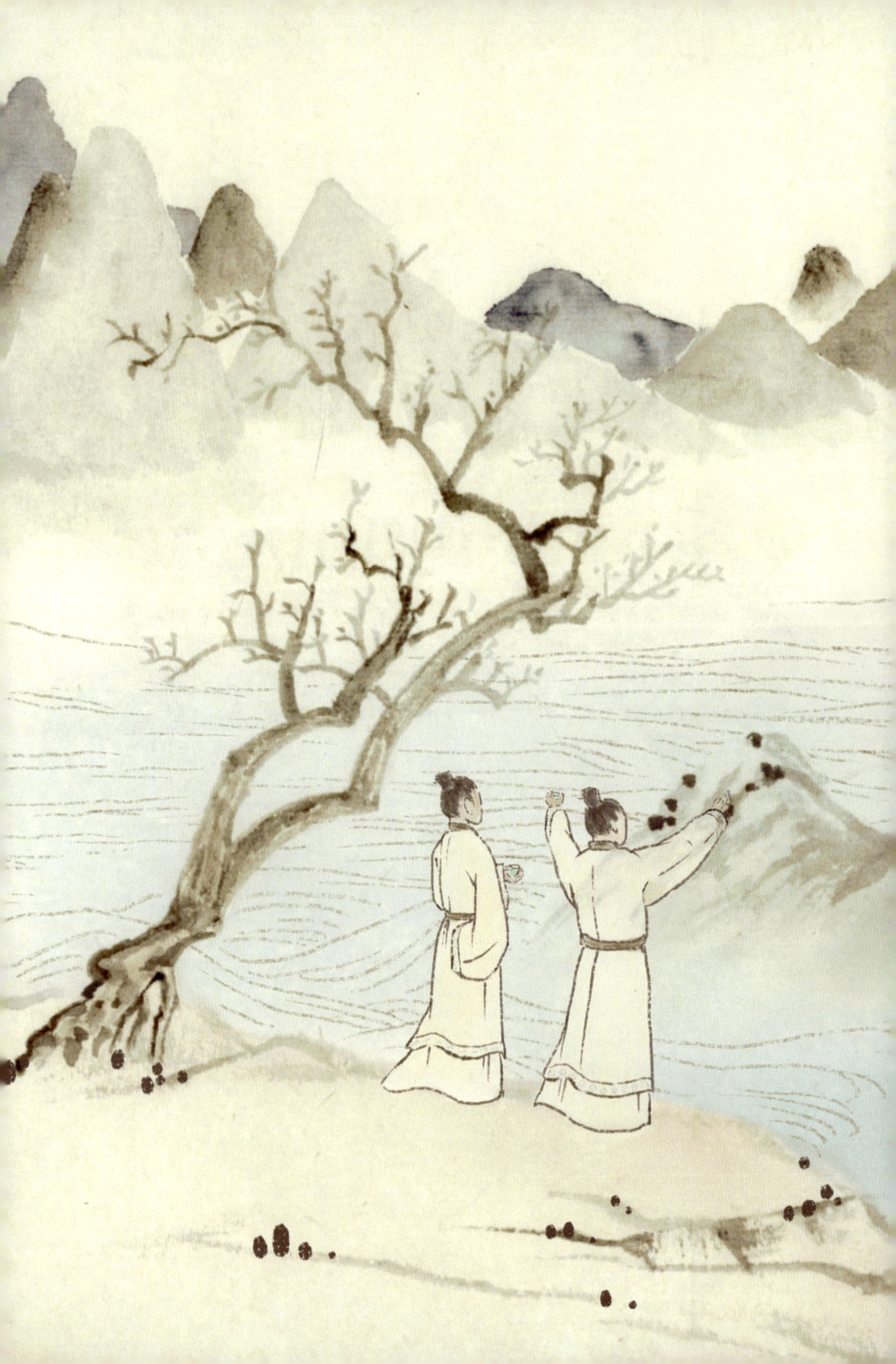

始为刎颈之交,
后竟不共戴天
不意君之望臣深也!
岂以臣为重去将哉?

始为刎颈之交，后竟不共戴天

即使是熟人，也别有太高期待和依赖

公元前207年，秦二世时期。

黄河附近某一不知名的湖泊旁和风拂面，小雨淅沥。陈余身穿蓑衣，头戴斗笠，手里握着一根12尺长的鱼竿，正和几个要好的朋友端坐雨中，静静等待着鱼儿上钩。细雨如丝，湖面荡漾起圈圈涟漪，大鱼、小鱼时不时冒出头吐几个泡泡。可陈余对这一切视而不见，他在沉思。

虽说这段日子他跟朋友们一起踏青、钓鱼，也算悠闲自在，但一想起前段时间好友张耳对自己的怀疑和质问，想起张耳夺走自己兵权一事，陈余就禁不住浑身发抖。他猛然起身，踢开身旁的竹篓，两条巴掌大的鱼从里边滑出，在草地上吃力地鼓动着两颊的鳃。"不钓了！回家吃饭。"说着，他一手提起空篓，一手拎上鱼竿就往回走。剩下几个人坐在湖边面面相觑：想来他是巨鹿之战的后遗症又发作了。

早年，同为魏国名士的陈余和张耳因缘结识。那时陈余年轻气盛，张耳年长稳重，两个人的秉性可谓互补相成。陈余尊敬张耳，待他就像父亲一样，张耳也非常照顾这个小兄弟。魏国灭亡后，两人因发表反秦言论遭到追捕。他们逃到一个名为陈县的地方，过起了隐姓埋名打小工的生活。

一次，有小吏因为陈余一个小过失而鞭打他，陈余很是憋屈：怎么说我都是堂堂魏国名士，如今连这等小人物都可以骑在我头上吗？就在他意图起身反抗时，张耳赶紧踩了他一脚，示意他乖乖受罚。待小吏走开，他责备陈余道："始吾与公言何如？今见小辱而欲死一吏乎？（我之前是怎么跟你说的？今天因为这点儿小屈辱，你就要死在这个小吏手上吗？）"

陈余自知理亏，也晓得张耳思虑周全，便收敛起自己的性子。

公元前209年，陈胜、吴广在大泽乡发动农民起义。等陈胜带人来到陈县时，他手下的民兵已达数万，张耳就和陈余一起前去投奔陈胜。然而在陈胜手下，张耳、陈余二人并未能实现抱负。眼看形势对自己不利，两人记恨陈胜不听劝谏，没有重用他们，就离开陈胜，先后拥立武臣、赵歇为赵王。

那段日子时局多变，社会动荡不安，但张耳、陈余始终相伴相随，共同谋事，亲密如父子。任谁也料想不到，这份亲密会在不久以后的巨鹿之战中宣告终结。

公元前207年，秦将章邯率军攻破邯郸，赵王赵歇和臣子张耳不得已逃到巨鹿城避难。奈何巨鹿城即刻被秦军包围，城内兵力不足，粮食也很快消耗殆尽。秦军趁势日夜攻打巨鹿城，形势危急。

"救兵再不来，我们怕是要死在这里了。"赵歇立在窗边，望向院子里紧闭的门。

"会来的。"跟在他身旁的张耳应道。

张耳看上去神色平和,实际上心底已经一片焦灼:眼下一定得想办法差人给陈余报信,除了他,没有人能救巨鹿城了。张耳以为陈余同自己是刎颈之交,在生死面前理当以大义为先,为救朋友视死如归。可他怎么也没料到,几次冒着生命危险的通风报信都没能换来陈余的救援。

陈余不出兵,自有他的打算。但张耳不理解,他为此大发雷霆,派张黡(yǎn)、陈泽二人去责备陈余:"始吾与公为刎颈交,今王与耳旦暮且死,而公拥兵数万,不肯相救,安在其相为死!苟必信,胡不赴秦军俱死?且有十一二相全。(咱兄弟俩说好同生共死,如今我跟赵王命在旦夕,而你手上有几万兵却不肯相救!如果你是信守承诺的人,为什么不去跟秦军拼了?何况还有十分之一二获胜的希望。)"

陈余一听,不快地解释道:"吾度前终不能救赵,徒尽亡军。且余所以不俱死,欲为赵王、张君报秦。今必俱死,如以肉委饿虎,何益?(你看人家秦军如狼似虎的,我就算带人上前线也救不了赵国,只不过和手下一起白白送死罢了!况且,我留着这条命也是为以后能替赵王和你报仇呀。现在去就是羊入虎口,有一点儿好处吗?)"

可是,张黡和陈泽根本听不进去,非要陈余出兵,不出兵就骂他背信弃义。面对这两人的咄咄逼人,陈余气坏了:"这是赤裸裸的道德绑架呀!就算是好朋友,也不能按着我的脑袋非要我按照你的意愿办事吧!"

陈余没有办法,只得给张黡和陈泽五千人马,让他们自己领着去抵抗秦军。不出陈余所料,在跟强势秦军的战斗中,这群士兵很快全军覆没了。好在项羽不久之后横渡黄河打了过来,成功击退秦军,保下了巨鹿城,赵歇和张耳也因此得以平安逃脱。

这日,赵歇同张耳一起款谢诸侯,陈余也来了。一见到陈余,张耳就迫不及待责难他不派兵救援的事。想当初两个人亡命陈县,后来又一起参加起义军多番周折,这过命的交情在生死面前如此不堪一击,张耳对陈余实在太失望了。他仗着自己年长,一味地数落陈余,正说着,好像突然想起来似的,问道:"张黡、陈泽二人呢?"

"你还好意思问?"陈余没给张耳一点儿好脸色,"他们两人跑过来埋怨我,非要带人去同归于尽。我只得给他们五千人马,让他们试着攻打秦军,结果全军覆没。他俩都死啦,你现在可还满意?"

张耳不信:"我看是你不愿意出兵,把他们暗杀了吧?"

陈余一听,气得瞪大了眼睛,"唰"的一下从座位上站起来:"不意君之望臣深也!岂以臣为重去将哉!(真没想到你是这么看我的!哼,这将军我不当了!)"说着从自己身上解下印信,塞进张耳手里,气冲冲地奔茅厕去了。

张耳被陈余的行为震惊到了,原本并不愿意接受他的印信,偏偏旁边有人多嘴劝他收下,张耳便恭敬不如从命了。

等陈余上完茅厕回来,见张耳毫不推辞就收下印信,更是怒火中烧:亏我当初像对待父亲一样尊敬爱护他,没想到他竟如此自私自利、自以为是。陈余狠狠地甩着自己的衣袍,没再就座，快步走了出去，张耳也就顺理成章收编了陈余的军队。

公元前206年初。

项羽已经带领各路诸侯入关，自立为西楚霸王。这时他开始论功行赏起来。他把赵国的一部分土地分给张耳，封他为常山王，却只给了同样有功的陈余三个县，让他做诸侯。赵王赵歇此时也被项羽改封为代王，屈居代县。

陈余本就对张耳积怨颇深，一看项羽待自己如此不公正，又恼怒起来："什么刎颈之交，都是谎话！张耳这样对待自己，不就是为了今天得权得势吗？"这样想着，他心里越发记恨张耳了。于是，眼见齐王田荣有意反叛楚国，陈余就跑去跟他借兵，企图攻打张耳。

陈余领着军队三两下就把张耳打得落花流水，顺带收回了赵国的失地，让赵歇重新坐上了君王之位。赵歇很感激陈余，封他做代王，但陈余觉得赵国还太弱小，选择留在赵歇身边继续辅佐他。张耳呢，被陈余打得败逃后无处可去，最终归顺了刘邦。就这样，两个人各事其君。

尽管表面看来双方各自安好，可陈余却一直惦记着干掉张耳。他觉得自己跟张耳交往算是一腔真心喂了狗，此生要是不杀张耳，不足以解心头之恨！

公元前205年，机会终于来了。

这年，刘邦举兵向东进攻楚国，派人通知赵国，希望能和赵国联手。陈余对前来的使者说："你们主子要是愿意把张耳的人头送过来，我们就出兵。"

陈余要张耳的人头，那就给吧。刘邦差人斩了一个跟张耳非常像的人，把人头给他送了过去。陈余信以为真，派出赵国的兵前去支援。可仗打到一半，陈余察觉到张耳未死，当机立断背叛了刘邦。

陈余和张耳的梁子显然是越结越深了，看对方不是你死就是我亡的决心，张耳自然不能坐以待毙。同年10月，他就随同韩信一起攻打赵国的井陉，在背水一战中大败赵军，陈余也在这场战役中被韩信斩杀。至此，张耳和陈余的恩怨情仇终于了结。

陈余、张耳这对曾经患难与共的好兄弟，为何到最后成了不共戴天的仇人呢？他们的决裂真的是巨鹿之战中出兵与否的分歧导致的吗？

其实意见分歧、立场不同、观点对立是人与人交往中无法避免的矛盾，即使关系再好的朋友也有不认同对方的时候。作为独立的个体，我们应当理解和尊重彼此的不同选择。

张耳错在将自己的立场和想法强加于陈余，试图用友谊强迫好友为自己献身，这是极其自私和狭隘的做法。而陈余呢，虽然一开始坚持了自己的立场，却对好友怀恨在心，加之被权势和利益扭曲，对张耳赶尽杀绝。他的仇恨彻底毁灭了这段友情，也最终断送了自己的性命。

说到底，张耳和陈余都缺少了能容人的胸襟。

人物名片

陈余

陈余：魏国名士，秦朝末年将领。

陈余性子高傲，冲动易怒，很斤斤计较。前文我们讲过，陈余在陈县时曾受一个小官吏的欺负，他当场就想起身反抗，幸亏张耳拦住了他，才没让两人暴露身份。后来张耳跟他闹不和，拿走了他的印信，陈余为此怀恨在心；之后项羽分封不公，更让陈余愤懑难忍。所以他起兵攻打张耳，想要除掉他。可惜陈余最终轻视了韩信的战术，被杀死在泜水。

张耳

张耳：魏国名士，汉朝开国元勋。

张耳年少时曾是魏国公子信陵君的门客，后来亡命外黄县。有人看他气度不凡，就把女儿嫁给他，他因此在外黄县住下。那时候刘邦还是一介平民，曾多次到外黄县来看望张耳，两人交情很深。

关于张耳跟陈余是如何相识的，史书没有过多记载。只说陈余"父事张耳，两人相与为刎颈交"，但是后来两人反目。在陈余的追逼下，张耳投奔刘邦，跟着韩信在背水一战中大败赵军，被封为赵王。这以后不到两年张耳去世，史称赵景王。

文学拓展

陈余跟张耳本为生死之交，最后却因为利益形同陌路、大动干戈，两人的结局实在令人唏嘘。李白就曾在一首诗中化用张、陈二人的典故，对人世间的友情发出了一番叹息。

古风其五十九·恻恻泣路岐
唐·李白
恻恻泣路岐，哀哀悲素丝。
路岐有南北，素丝易变移。
万事固如此，人生无定期。
田窦相倾夺，宾客互盈亏。
世途多翻覆，交道方崄巇（xiǎn xī）。
斗酒强然诺，寸心终自疑。
张陈竟火灭，萧朱亦星离。
众鸟集荣柯，穷鱼守枯池。
嗟嗟失权客，勤问何所规。

这首诗选自李白所创作的组诗《古风五十九首》，是最后一首，很可能写于他被流放的时期。当时李白有难，许多原来交好的朋友生怕祸及自己，避而不出。因此他有感而发，写了这首诗讽刺人们以私利为目的的交友行径，为"生命无常"感到悲伤。

这首诗的意思可以分为三层。第一层为前六句，作者引用"泣路岐""悲素丝"的典故，抒发世事变幻莫测、不知何处去的嗟叹。

第二层为中间八句。作者引用"田窦""张陈""萧朱"的典故，写出了人与人交往中趋炎附势、利益相争的丑陋嘴脸，以此表达自己对友情的失望。

第三层为最后四句。意思是鸟群聚集在繁茂的丛林间，只有走投无路的鱼才继续守着快要枯竭的池塘。作者直抒胸臆，为自己的失意处境而哀伤，为人生无定期的现实而感怀。

知识扩展

楚汉之争

陈余跟张耳相交相识的时期,正是历史上一段非常重要的时期——楚汉之争。

公元前 209 年,陈胜、吴广大泽乡起义拉开了秦朝灭亡的序幕。这场农民起义虽以失败告终,却激起了全国反秦的热潮。一时间群雄四起,其中以西楚霸王项羽和汉王刘邦两股势力最为突出。秦灭亡后,项羽和刘邦之间随即展开了一场规模巨大的政权争夺战,这场战争从公元前 206 年一直持续到公元前 202 年,史称"楚汉战争"。

一开始,项羽的军事实力远胜于刘邦,但他刚愎自用,优柔寡断,不善用人;刘邦则知人善任,海纳百川,善于笼络人心。许多西楚的能人将才都先后归汉,渐渐地,楚汉实力发生了扭转,集合了谋士萧何、张良和大将韩信、彭越、英布的刘邦集团日益强大起来。

经过了大大小小上百场战役之后,楚汉战争最后以项羽兵败垓下、乌江自刎,刘邦统一天下、建立汉朝而告终。它为汉朝接下来数百年的大一统奠定了基础。楚汉战争也为后人留下了丰富的用兵韬略,如破釜沉舟、四面楚歌、背水一战、暗度陈仓等。

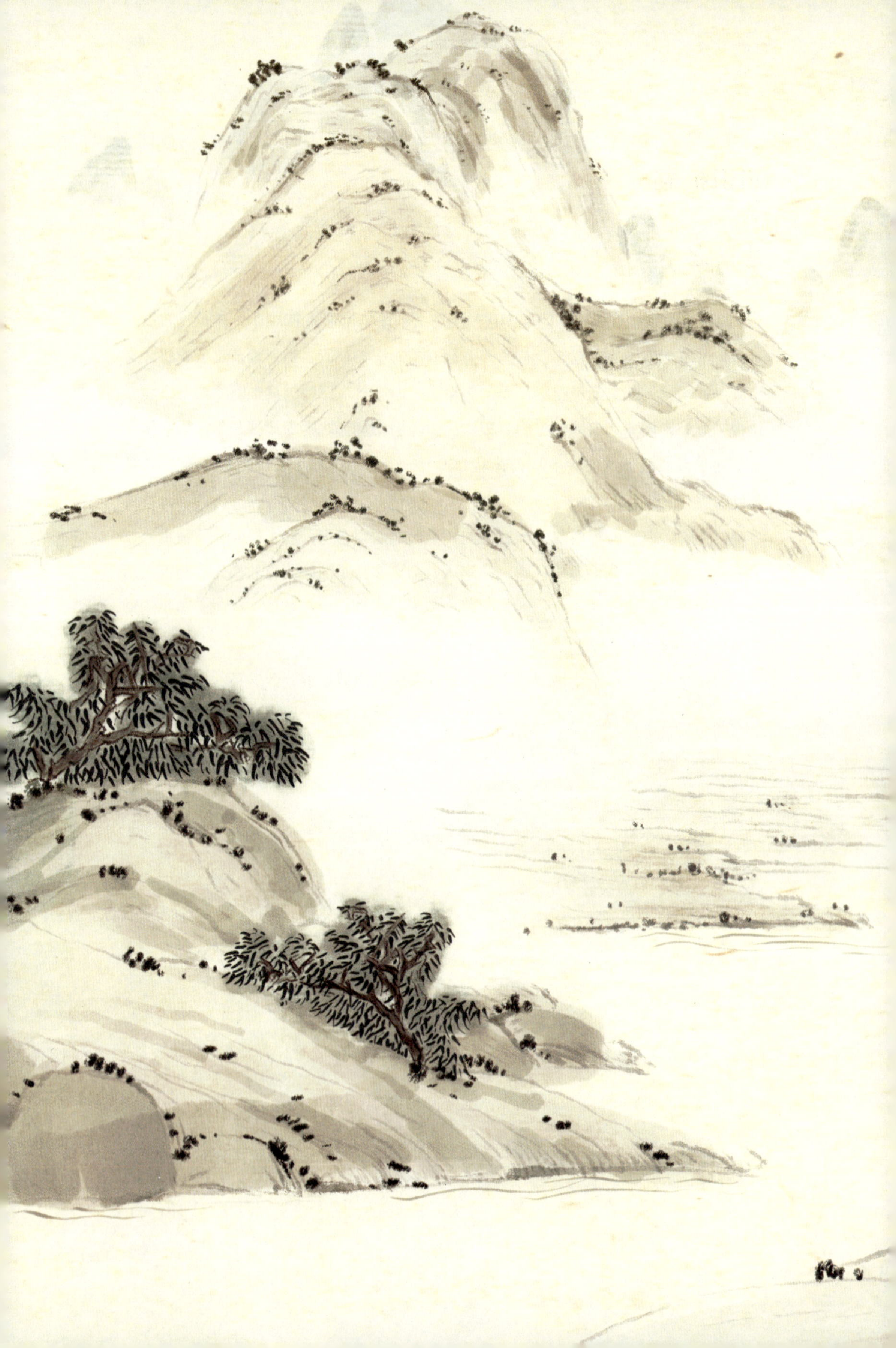

君子抱仁义,
赴死如归者
今彭王已死,臣生不如死,
请就亨!

君子抱仁义，赴死如归者

你会冒着生命危险为朋友仗义执言吗

汉高祖十一年（公元前196年）。

一辆轩车自洛阳城外匆匆驶来，在大门口停住。马车内钻出一人，跟跟跄跄地从车上跳下，跪倒在马路边。周围人群熙攘，开始有人三三两两地驻足聚集，小声议论起来。但这人毫不在意，只顾往城门上方望去。那里笔直地悬挂着一个镂空木箱，斑斑血迹清晰可见，空气中弥漫着淡淡的腐臭味儿，从城门下走过的男女老少无不用衣袖捂住口鼻。可跪在地上的人似乎一点儿也没有察觉，只是冲那木箱扯开嗓子喊。说着说着，他悲恸难耐，忍不住号啕大哭。

这时，一旁有人走近他规劝道："兄弟，城门上挂着的可是反贼彭越的首级，皇上亲自下令不让人探视他。你如今在这里哭丧，保不准要杀头的。"

可他并不理会旁人，反而掏出揣在怀里的酒壶，将酒缓缓倾倒在地上。很快，几个官兵从城里出来，好像对待犯人一般架起他往王宫的方向押去。看热闹的人依然站在原地，对他的背影指指点点，猜测着他的身份。

城门下为彭越哀哭的这个人名叫栾(luán)布，西汉时期梁国人。他是彭越的忠诚下属，也是彭越的至交好友。

早在彭越还是默默无闻的平民百姓时，栾布就与他一拍即合，结下了极为深厚的友谊。两人常常结伴同游梁地，谈古论今，好得跟亲兄弟一样。可惜栾布的家境实在太贫困，待在老家一点儿出路也没有。为了生存，他不得已背井离乡，去往齐国。

"我在卖酒的人家找了份差事，等我赚了钱，再回来跟你叙旧呀。"

"一言为定！"彭越拍拍栾布的肩膀，两人就此分别。

当时正值秦朝末年，天下各处动荡不安。百姓们流离失所，食不果腹，许多人开始干起打家劫舍的勾当。没过几年，彭越也在巨野伙同一帮人做起了强盗。后来，陈胜、项梁等人兴兵起义，对抗秦朝，彭越也顺势加入，先后帮助田荣、刘邦对付项羽。

那些日子他四处攻城略地，一直没有机会同栾布取得联系。他不知道，自己过着刀尖舔血的生活时，好友栾布也正经历着一段波折重重的岁月。

栾布到齐国后没过几年安稳日子，就被人强行掳走，卖去燕地，做了一户人家的奴仆。幸好那家主人心肠不错，待他不薄，这让栾布心里很是感激。栾布向来是个恩怨分明的人，他曾对旁人扬言："穷困不能辱身下志，非人也；富贵不能快意，非贤也。（穷的时候，要能居人之下，可屈可伸；富贵时，要学会利用自己的权势，有恩报恩，有仇报仇，让自己快意。）"因此，在他主人一家不幸遇难后，栾布便大义凛然地站出来为主人报仇，报答这一家人的恩情。也正因此义举，栾布在那一带声名大噪，受到燕地将领臧荼的赏识，得以成为他的都尉。

臧荼对栾布的信任和重用让他从劳苦生活中脱离出来，走上建功立业的道路。跟在臧荼身边的那些年，栾布始终尽心尽力为他征战。臧荼后来被刘邦封为燕王，栾布则被臧荼任命为将军。可惜好景不长，臧荼后来不自量力地起兵造反，最终被刘邦杀害，栾布也受牵连，成了俘虏。

那时，彭越因为辅佐刘邦打天下有功，已经当上了梁王。虽然和栾布多年未见，但他对栾布的情感一如当初。听说好友被俘的消息，彭越顾不得栾布与刘邦敌对的身份，急忙跑到刘邦面前为他求情。

"陛下，栾布跟我认识多年，他这人一贯重情义，跟在臧荼身边纯粹因为臧荼待他有恩，但他本人绝对没有谋反之心。我可以拿性命担保！你要是不放心，就让他跟我回梁国好了。我管着他，肯定不会出乱子。"

或许是彭越的信誓旦旦说服了刘邦，又或许是他对栾布的一番真情打动了刘邦。听了他的一番话，刘邦免去栾布的罪，让他跟彭越回到梁国，做了梁国大夫。

平静日子转眼过去几年，一直安分守卫边疆的将领陈豨（xī）因不满刘邦猜忌，又受人撺掇，开始起兵反汉，自立为代王。刘邦于是御驾亲征，合众军之力上前线征讨他。

当到达邯郸这个地方时，刘邦派人通知彭越，让他带着自己的人马前来支援。但彭越以身体不适为由窝在家里，指派自己的手下出征，这让刘邦非常不满。不久，有人奉命来彭越家中责备他抱病不出一事，把彭越吓得当场就要去刘邦跟前请罪，可他的部将扈辄却说："王始不往，见让而往，往则为禽矣。不如遂发兵反。（当初要你去你不去，现在自投罗网，那不是送死吗？依我看，咱不如趁机造反。）"

可彭越没有听从他的意见，净琢磨着该怎么跟刘邦解释自己生病一事。就在这个时期，彭越手下的一个太仆因与彭越有仇，跑去刘邦面前控告彭越和扈辄"企图谋反"。本就对彭越心怀不满的刘邦一听，勃然大怒，派人捉拿了彭越，将他关在洛阳。大概是顾念彭越的功绩，刘邦没有杀他，只把他贬为平民，流放去了青衣县。

前往青衣县的路上，彭越遇到了皇后吕雉，一心想要自证清白的他便像抓住救命稻草一般，跟皇后申辩哭诉。吕雉表面上善待彭越，将他带回洛阳，暗地里却设计陷害他，怂恿刘邦杀他以绝后患。偏巧那个时期，栾布正在出使齐国，还未归来。等他收到消息匆匆赶回洛阳时，刘邦已经砍下彭越的脑袋，叫人挂在城门上示众了。刘邦还下令："有敢收视者，辄捕之！（凡是来探视彭越，或者为他收尸的人，一律逮捕！）"

栾布当然知道违反皇令会给自己带来杀身之祸，但还是跑到彭越头颅下去哀哭。对他来说，彭越不仅是自己的好兄弟，更是救命恩人。如今好友去世，尸首示众受辱，自己岂能坐视不管呢？

可想而知，栾布被当场捉拿了。刘邦见到他便破口大骂："若与彭越反邪？吾禁人勿收，若独祠而哭之，与越反明矣！（你是要跟彭越一起造我的反吗？我已经明令禁止为彭越哭丧和收尸，你哪儿来的胆子不听！）"

一旁的侍从很快准备好汤镬（huò），推搡着要把栾布放入其中烹煮。这时，栾布冲刘邦喊道："反正我也快死了，你再让我说句话。"

刘邦恩准。栾布道："方上之困于彭城，败荥阳、成皋间，项王所以遂不能西，徒以彭王居梁地，与汉合从苦楚也。当是之时，彭王一顾，与楚则汉破，与汉而楚破。且垓下之会，微彭王，项氏不亡。天下已定，彭王剖符受封，亦欲传之万世。今陛下一征兵于梁，彭王病不行，而陛下疑以为反。反形未见，以苛小案诛灭之，臣恐功臣人人自危也。今彭王已死，臣生不如死，请就烹！（想当年，陛下跟项羽争夺王位，要不是彭越在其中出力，陛下也不会有今天。他是汉朝得以建立的大功臣！因为他没有亲自带兵去援助，陛下就猜忌他，杀了他，那像他一样的功臣不是迟早都得跟他一个下场？陛下不怕大家联合起来造你的反吗？如今彭越已死，我也不如死了算了！来吧，煮了我！）"

栾布一番慷慨陈词，令刘邦恍然大悟："彭越是当初跟着自己打天下的有功之人，是猛将，这样的人都被自己砍下头，诛灭三族，那跟彭越一样的王侯将相们的结局不是可以预见了吗？搞不好这些人会联手对付自己。"思及此，刘邦看向栾布，想起当年彭越也曾为栾布求情，说他是一个重情义的人，如今一见，果然如此。

栾布为人刚正不阿，敢冒着生命的风险为朋友仗义执言，显然是个有勇有信的可靠之人。于是刘邦打消了杀栾布的念头，反而任命他做督尉。就这样，栾布凭着一腔忠义保住了自己的性命，也顺利为彭越收了尸，保全了友人最后的体面。

栾布和彭越的友情，始终围绕着一个"义"字。一方面，栾布为善待自己的燕地主人家报仇，为赏识自己的臧荼卖命，冒着生命危险为挚友彭越哭丧，无不体现出他身上重情重义的本性。另一方面，彭越能在手下怂恿他谋反时坚守对君王的道义，在栾布陷于危难之时不顾一切替他求情，保他平安，这是彭越的深情厚谊。

孟子说："生，亦我所欲也；义，亦我所欲也。二者不可兼得，舍生而取义者也。"栾布和彭越在交往中都曾为对方"舍生而取义"，淋漓尽致地展现出了他们以义为先的人生价值观。这种义气出于友情，更超越友情。

人物名片

栾布

栾布:西汉梁国人。因冒死为好友彭越收尸而被刘邦器重。

汉景帝时期,栾布因战功被封为俞侯,出任燕国国相。栾布深受百姓爱戴,他死后,燕、齐之地的百姓将他敬奉为土地神,为其建造祠庙,栾布也成了汉初名将中唯一被百姓奉为神的历史人物。而土地神对于古时候的百姓来说,是保一方平安的最重要的神。由此可见,栾布在当时人们心中的地位之崇高。

彭越

彭越：秦末起义群雄之一，与韩信、英布并称"汉初三大名将"。

彭越在军事上的谋略和才能虽不及韩信，但战功却丝毫不输。他善于使用游击战术，在楚汉战争中，彭越率领部队在楚军后方开展游击战，用敌进我退、敌退我进、敌疲我追的方法不停打击项羽的后首军力和补给，使得项羽在前后受敌、疲于应付的同时，无法及时得到补给，给了前线汉军喘息的时机。正是在刘邦的正面抵抗、韩信的千里包抄和彭越的后方游击战中，汉军才取得了楚汉战争的最终胜利。

彭越的游击战术游刃有余，破坏力强。据说他是世界战争史上第一个采用游击战思想的军事家，可谓游击战的鼻祖。

关于彭越的游击战术，《三国演义》中有一段曾提道："（李傕）曰：'吕布虽勇，然而无谋，不足为虑。我引军守住谷口，每日诱他厮杀；郭将军可领军抄击其后，效彭越挠楚之法，鸣金进兵，擂鼓收兵。'"其中，"彭越挠楚"指的就是彭越利用游击战术袭扰项羽后方，帮助刘邦主战场作战之事。因此，"彭越挠楚"也成了专门指代游击战思维的一种兵法计谋。

文学拓展

楚歌是古代楚地的民歌，秦末汉初时最为盛行。项羽的《垓下歌》和刘邦的《大风歌》便是较为人熟知的两首楚歌。前者是英雄末路的无奈哀叹，后者是夺得天下者的踌躇满志及对家国大计的忧虑。一败一胜，不同的境遇却都透着豪情万丈的英雄气概，读来铿锵有力，回味无穷。

垓下歌

秦汉·项羽

力拔山兮气盖世。

时不利兮骓不逝。

骓不逝兮可奈何！

虞兮虞兮奈若何！

"力量大得可以拔起大山哪，英雄气概无人能敌。但时局不利于我呀，马儿都不跑了。马儿不跑，我能奈何它吗？虞姬呀虞姬，我又该拿你怎么办？"

这是项羽在垓下遭汉军围困，退无可退的危境下，抱着赴死决心所作的绝命诗。从诗中可见项羽满腔的愤懑、不甘、无奈和深情。他相信自己是可以拔起大山的盖世英雄，无奈时局不利，面对战败他毫无办法。此时的项羽被汉军围至垓下，四面楚歌，遭遇了人生最大的溃败，但他的爱人虞姬却一直陪伴左右。意识到大限将至，他最无法放下的就是自己的爱人，最后一句"虞兮虞兮奈若何"唱出了无限的哀伤和不舍。面对历史的洪流，个人之力是如此微不足道，但激励、支撑着人们的依然是心中的爱。一代霸王项羽在生命最后时刻惦念的，还是自己的挚爱，这样的深情令人赞叹。

大风歌

秦汉·刘邦

大风起兮云飞扬，

威加海内兮归故乡，

安得猛士兮守四方！

"大风吹呀浮云散，我夺得了天下呀荣归故乡，可怎么样才能得到猛士为国家镇守四方呢？"

公元前196年，刘邦亲自带兵打败了反叛的英布，归时经过家乡沛县，与昔日亲朋好友共饮。酒至半酣时，刘邦即兴作了这一首《大风歌》。

这首诗短短三句，却从过去、现在、未来三个角度抒发了自己的英雄气概和远大政治抱负。第一句用大风吹走浮云寓意自己打败叛军，守住了政权。第二句则展现了刘邦一统天下后荣归故里、威风凛凛的样子，志得意满的形象可谓跃然纸上。最后一句情绪发生了转变，用疑问的口吻写出了内心的压力和忧虑，体现了刘邦作为帝王的远见和责任感。

知识拓展

汉初三大名将

与彭越同为汉初三名将的韩信和英布，都是在楚汉之战中以骁勇善战闻名的历史人物。

韩信是西汉开国功臣，也是中国历史上著名的军事家和战略家，被后人奉为兵仙。韩信出身寒微，起先投奔项羽不得重用，之后转投刘邦，被拜为大将军。楚汉战争中，韩信横扫魏、赵、代、燕、齐诸国，其著名战役有蒲坂之战、井陉之战、潍水之战、垓下之战。韩信为汉朝建立立下赫赫战功，但后来遭到刘邦的疑忌，以谋反罪被诛。

英布原为项羽部下，被其封为九江王。后因不愿随项羽出兵遭到猜忌，被刘邦策反后叛楚投汉，被封为淮南王。垓下之战时，英布率九江军与刘邦诸军联合，击败项羽。汉初，英布是主要异姓诸侯王之一。后因朝廷打击异姓王，英布起兵反叛，战败被诛。

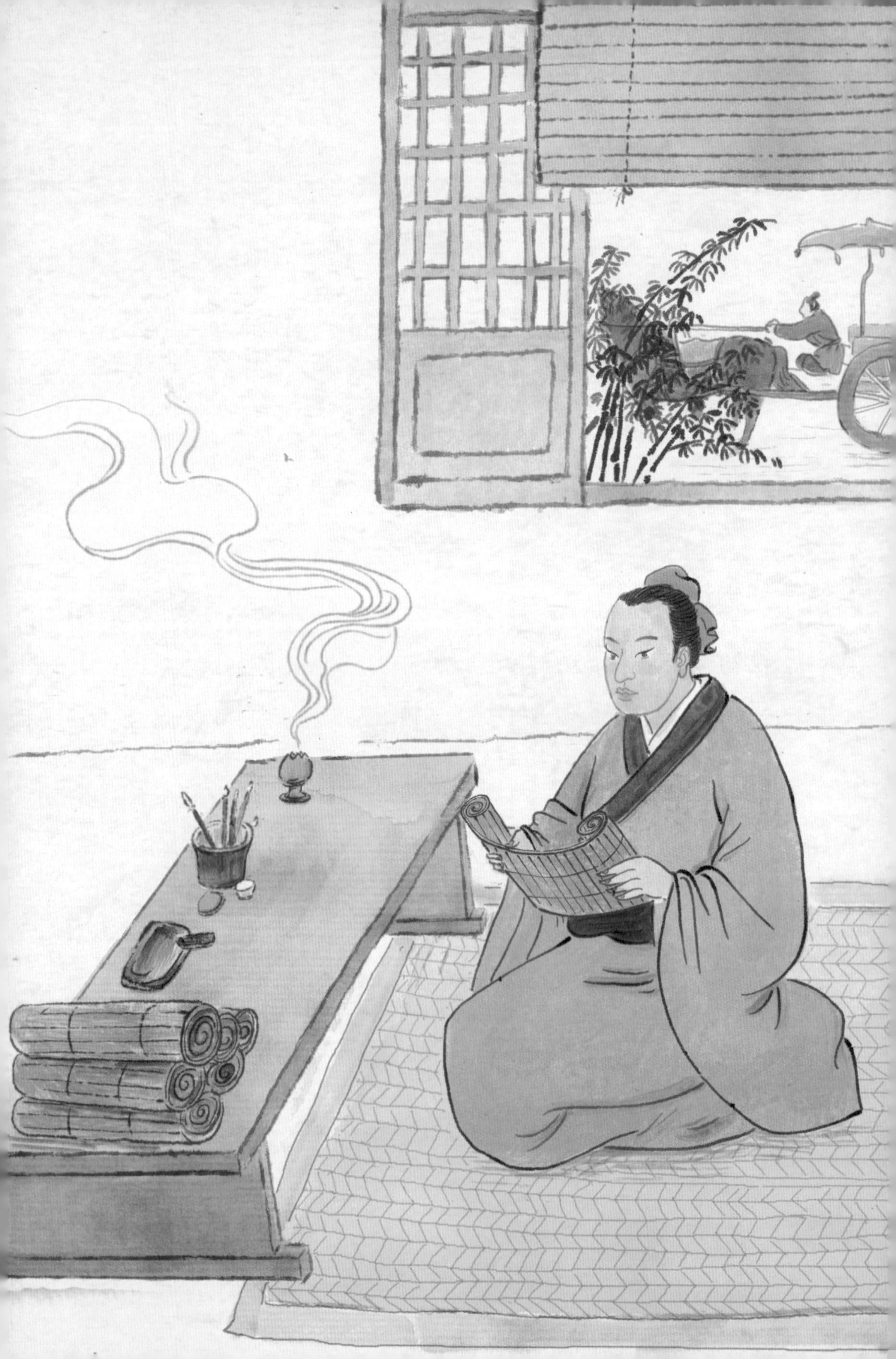

道不同不相为谋

子非吾友也。

道不同不相为谋

讨厌一个人，远离他是最有水平的方式

一个天高云淡的日子，阳光和煦，微风送暖，外出觅食的燕子们双双飞回，在屋檐底下叽喳鸣叫。麻雀也跟着飞来，落在东墙上歇脚，顺便整理自己的羽毛。东墙脚下还有一片荒芜的菜园子久未耕种，杂草丛生，蟋蟀一只接着一只在草丛里跳来跳去，几根蜘蛛丝稀疏地挂在树上，随风抖动着，不时反射出银光。

管宁和华歆（xīn）背着农具来到园子里，准备清理杂草，种点儿蔬菜。他们分别站在两条田垄间，将袖子挽到臂弯处，背向天、面朝地，吭哧吭哧挥起了锄头。没过多久，两人的衣服就被汗水浸透了。

眼看一半的菜园子都已打理完毕，突然管宁脚前传来"当"的一声，一道金光从泥土中迸发而出。

是金块！

管宁好像什么也没瞧见，照旧埋头刨地。华歆却放下手中的锄头，拾起金块端详起来。他一边看，一边偷偷瞥着管宁。可管宁只顾干活，一点儿也不在意他在做什么。华歆看看管宁，又看看手中的金块，顿时感到一丝羞愧。于是他将金块丢在墙角，重新拿起了锄头。

两人像先前那样，各自默默翻地、锄草。虽然管宁没有因为金块的事当面责备华歆，但他已经给华歆贴上了一个小标签——为钱财分心之人。这样的人不值得我长久交往下去呀……管宁心里暗暗想道。

又一日，管宁和华歆同坐在一张席子上读书。屋外风和日暄，虫鸟啁啾；屋内墨香四溢。他俩端坐在席上，各拿一册简牍看得津津有味。

忽然，一阵窸窣的脚步声和着喧嚷的车马声自远处传来。"嗒——嗒——嗒——驾"，不一会儿，整齐列队的一众随从打门前经过，后边跟着一辆搭有精美车篷的马车。篷内不知坐着谁家公子，装发精致，衣着华丽，勾人心神。

华歆待不住了，马上放下简牍跑到门口观望。一旁的管宁却仿佛什么也没听见，照旧读着书。

前前后后这么多人跟着，还能坐那么好的车，真让人羡慕呀。眼看这行人越走越远，华歆意犹未尽。他不知道，就在自己观望刚刚经过门口的达官显贵时，管宁心里也掀起了一番波澜：华歆这人做事一点儿也不专注，上回被金子吸引眼球，今天又被这有权有势之人的排场打乱心神。我是不羡慕荣华富贵的，但华歆的追求显然跟我不一样，这样的朋友不能再深交！

等华歆回到屋内，管宁拿出准备好的小刀，将席子割成两半："子非吾友也。（你不是我的朋友了。）"

见管宁一脸严肃，华歆吓坏了："你这是干啥，说绝交就绝交？"管宁并不回答华歆，志不同，道不合，不相为谋，再多解释也无用。他径自坐回位子，旁若无人地读起书来。

管宁与人交友，对对方有着极高的道德品质要求。他期望华歆和自己一样不贪慕富贵权势，静心读书上进。因此，当华歆的表现不符合他要求时，他便断然割断席子，选择和华歆绝交。可见，管宁有明确的人生追求，也有清晰的交友原则。"志同道合"正是他交友的标准。

人生需要朋友，因为朋友是除了父母师长之外对我们影响最大的人。孔子说："益者三友，损者三友。友直，友谅，友多闻，益矣。友便辟，友善柔，友便佞，损矣。"所以，结交朋友要慎重，要多结交正直、诚信、见多识广的朋友，远离走歪门邪道、善于面不改色骗人、惯于花言巧语的人。

"管宁割席"影响了后世人们的"慎交"，但他那种果断，却只有极少的人能做到。

自觉与坚定，往往是最难的。

人物名片

管宁

管宁：字幼安，春秋时齐国著名政治家管仲的后人，汉末三国时期著名隐士。东汉末年天下大乱，管宁为避祸，与好友一同来到辽东地区，曾发生过一些事迹：

> 宁所居屯落，会井汲者，或男女杂错，或争井斗阋。宁患之，乃多买器，分置井傍，汲以待之，又不使知。来者得而怪之，问知宁所为，乃各相责，不复斗讼。邻有牛暴宁田者，宁为牵牛著凉处，自为饮食，过于牛主。牛主得牛，大惭，若犯严刑。是以左右无斗讼之声，礼让移于海表。

管宁在辽东一共居住了37年，虽然未在历史典籍中留下惊天动地的大事，却用他人生中最璀璨的37年光阴，为辽东地区播撒下中原文明的文化种子。

华
歆

华歆：字子鱼，汉末三国时期名士。

　　虽然在"割席断义"这个小故事中，华歆看似像个反面角色，但历史上的华歆同样是个才干卓绝之人。乱世之中，他没有选择像管宁一样避世，而是积极入世，运用自己的才干辅佐曹操，帮助曹操奠定了魏国政权基础，官拜司徒。

　　曹丕即位后，下诏让群臣推荐一些因战乱避世的人才入朝为官，华歆便举荐了管宁。虽然管宁拒绝了华歆的好意，不愿为魏国效力，但我们也能看出华歆并没有因"割席断义"而与管宁交恶，他依旧真心实意地欣赏管宁的才华与为人。

文学拓展

辽东帽的典故

管宁一生节衣缩食,淡泊名利,有满腔才华却不愿为官,而是悉心教化民众。

要知道在古代,即使拥有满腹才华,也不一定能遇到伯乐,受人赏识。而管宁却不愁没有伯乐,他的一生拥有太多展现抱负的机会,只是被他一一拒绝了。

曹操任司空时,派人去请管宁辅佐自己,被管宁推辞了。魏文帝曹丕即位时,任命他为太中大夫,管宁依旧推辞,没有接受。魏明帝曹叡(ruì)即位时,下诏让管宁就职光禄勋,管宁依旧拒绝了征召。

曹叡生气,下诏向管宁居住地的青州刺史程喜询问:"宁为守节高乎,审老疾尪(wāng)顿邪?"就是曹叡怀疑管宁拒绝当官,不是什么高风亮节,仅仅年老体弱,无法胜任。

青州刺史程喜回答道:"宁有族有人管贡为州吏,与宁邻比,臣常使经营消息。贡说:'宁常着皂帽、布襦袴、布裙,随时单复,出入闺庭,能自任杖,不须扶持。四时祠祭,辄自力强,改加衣服,着絮巾,故在辽东所有白布单衣,亲拜馈馈,跪拜成礼。宁少而丧母,不识形象,常特加觞,泫然流涕。又居宅离水七八十步,夏时诣水中澡洒手足,窥于园圃。'臣揆(kuí)宁前后辞让让意,独自以生长潜逸,耆艾智衰,是以栖迟,每执谦退。此宁志行所欲必全,不为守高。"

这番话是告诉曹叡,管宁虽然年迈,但是出行不成问题,他每天穿的衣服、戴的帽子都是从辽东时就一直这样的,并不是故意装成老百姓。他多次拒绝应召,并非故意矫情,假装清高,而是在坚持自己一贯的道德准则。

面对曹魏三代帝王的征召,其他人或许早就妥协出来做官,但管宁却始终如一,拒绝到底。自己认定的事情,就算面临生死风险或是权力、金钱的诱惑,也要始终如一,保持初心,或许这便是管宁留名青史最宝贵的品质。

于是,管宁所戴的那顶皂帽被后人看作高洁品行的象征,得到了古往今来诸多文豪的吟咏。比如,杜甫在经历官场失意,避居成都草堂后,面对好友入朝为官的劝说时，回应道"扁舟不独如张翰，皂帽还应似管宁"，以此婉拒友人的好意。文天祥于南宋灭亡之际，在狱中写下的《正气歌》中也向管宁致敬："或为辽东帽，清操厉冰雪。"

> 高士，也即名士，是一群以旷达、洒脱为性格特征的群体。他们不一定富有，也不一定位高权重，却因为其超出凡俗的精神受到当时及后世之人敬佩。此幅《高士图》中所描绘的，便是汉代一位高士梁鸿和其妻孟光"相敬如宾，举案齐眉"的故事。

《高士图》（局部）五代·卫贤

知识拓展

中国素以"礼仪之邦"著称,而冠冕作为礼制重要的组成部分,渐渐成为统治阶级地位的象征,出现了"见其服而知贵贱,望其章而知其势"的现象。而在东汉时,常见的冠饰主要有以下几种。

1. 冕冠

俗称"平天冠",主要由䘖(yán)、旒(liú)、帽卷、玉笄、武、缨、紞、纮等部分组成,是帝王、王公、卿大夫在参加祭典等典礼活动时所戴的最高等级的礼冠。

2. 通天冠

也称"高山冠",是皇帝戴的一种帽子。《后汉书·舆服志下》记载"通天冠,高九寸,正竖,顶少邪却,乃直下为铁卷梁,前有山、展筒、为述,乘舆所常服"。

3. 进贤冠

古时朝见皇帝的一种礼帽,明代改称梁冠。原为儒者所戴,唐时百官皆戴。《后汉书·舆服志下》记载"进贤冠,古缁布冠也,文儒者之服也"。

4. 武冠

古代武官戴的帽子由弁与帻结合而成。《后汉书·舆服志下》记载"武冠,一曰武弁大冠,诸武官冠之。侍中、中常侍加黄金珰(dāng),附蝉为文,貂尾为饰,谓之'赵惠文冠'"。

这4种冠饰的佩戴者,在当时都需要一定的身份地位,普通人不能戴冠,只能戴帻。管宁所戴的皁帽(黑帽)虽未有实物流传下来,但皁帽应该是平民所戴。而按照管宁当时的贤名,是可以佩戴文儒大家的进贤冠的,可管宁丝毫不在意这些,可见他对入朝为官根本不在意。

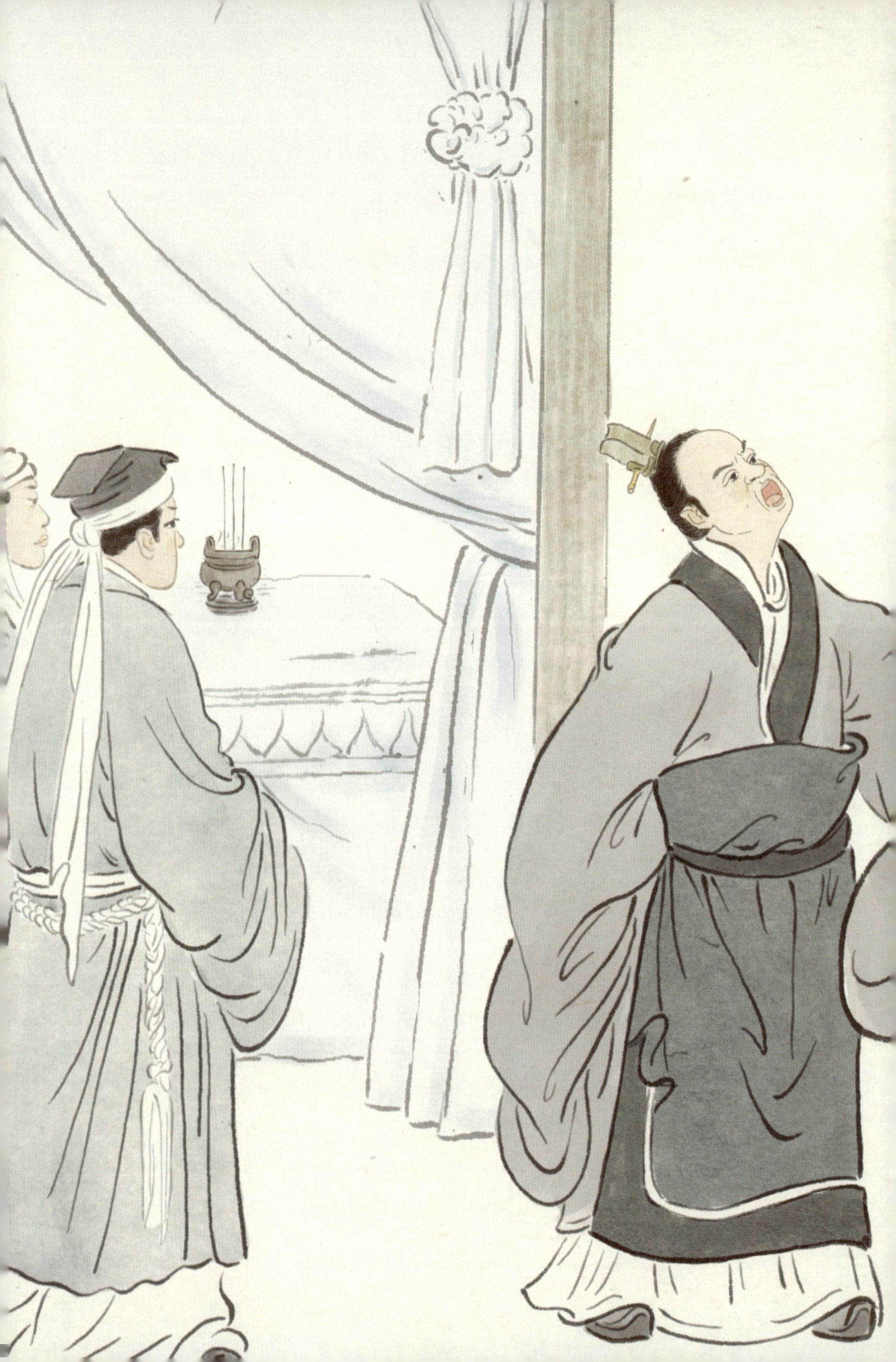

在世得友王仲宣,
终以驴鸣
送其归

王好驴鸣,可各作
一声以送之。

在世得友王仲宣，终以驴鸣送其归

感情这样好，
好到为你举办最"奇葩"的葬礼

建安二十二年（217年）初春。

一声声鸡鸣之后，曙光掀起黑夜的一角，已经有农民早早起来，背着农具下田去了。天色逐渐变亮，街上陆陆续续有小贩出摊叫卖，鳞次栉比的房屋都开始散发烟火气。

不多时，一位翩翩公子带着一大群人自长街的另一头赶来，他们步履匆匆，朝一间挂起白旌的院子走去。那个院里先是响起了一阵窃窃私语声，接着有人哀哭起来，不一会儿，竟传出此起彼伏的驴叫，声嘶力竭。路过的人无不好奇："谁家突然买进这么多驴子？"

了解情况的人解释道："哪里有驴子，不过是曹丕曹大人带着一众文士在学驴叫罢了。"

"这……"问的人愣了愣，"他们为何要学驴叫？"

"在给人送葬。"

"啊？这……"

这场葬礼的主人公，名叫王粲，字仲宣，是建安七子中的一位。他是曹操手下的得力干将，也是曹操儿子曹丕的至交好友。

王粲出身于名门望族，打小就非常聪明。据说他15岁的时候，曾在长安拜见当时著名的学者蔡邕。蔡邕第一次见王粲，就觉得他是一个旷世奇才，听到王粲来拜访，他跑出去迎接，连鞋子穿倒了也顾不上。由此可见，王粲是一个多么富有才华的人。

只可惜，有才如王粲，也经历了一段不被赏识和重用的时光。这段时光直到他投奔曹操才得以终结。

208年，刘表病逝，王粲力劝他的儿子刘琮归附曹操，自己也跟着在曹操手下做事。正是在曹操幕府，他开始同曹丕往来，与他一起写诗作赋，成了非常要好的朋友。

曹丕所住的邺宫中有一座文昌殿，殿中长着一棵槐树。盛夏之时，这棵槐树枝繁叶茂，郁郁葱葱，特别令人心怡。曹丕对它喜爱得不得了。这一天，曹丕像往年一样，独自徘徊于大槐树下。夏日的阳光酷热，但槐树投下的阴影却浓密而清凉，曹丕不由得心生感动，将自己对槐树的情感写进了诗歌：

有大邦之美树，惟令质之可佳。

讬灵根于丰壤，被日月之光华。

……

修干纷其濯错，绿叶蒌而重阴。

上幽蔼而云覆，下茎立而擢心。

……

> 天清和而温润，气恬淡以安治。
>
> 违隆暑而适体，谁谓此之不怡。

这首诗的意思是："生长在大国的华美之树，它美好的品质是多么值得褒奖啊！它将自己的根深植于肥沃土壤之中，沐浴着日月的精华。

"看哪，它那修长笔直的身躯生长出繁杂错落的枝干，茂盛的绿叶层层叠叠投下重重浓荫。顶部直穿云霄，树干直立高耸。

"在这槐树之下漫步，感受到的唯有温润清和的空气，恬淡安适的心情。能够在酷暑时给人如此舒适的感觉，谁会说这槐树不使人心中快意呢？"

正好，王粲不久之后来殿中拜访曹丕，他俩见面的小阁外也有一株槐树。曹丕诗兴大起，让王粲也即兴发挥，写了一首《槐赋》：

> 惟中唐之奇树，禀天然之淑姿。
>
> 超畴亩而登殖，作阶庭之华晖。
>
> ……
>
> 既立本于殿省，植根柢其弘深。
>
> 鸟取栖而投翼，人望庇而披衿。

意思是："从大门到厅堂的路上生长的这棵奇树，天生就展现出一副美丽的姿态。它矗立在君王的庭院里，为庭院增添了光辉。既然根植在殿堂之中,这槐树的根定然扎得非常深且广。它的繁茂引来鸟儿栖息,也引来披着衣袍的人们,他们都渴望得到槐树的恩泽和庇护。"

这对好友一吟一和,在歌颂槐树的同时,也相互切磋了一番文采。如此交往,实在有趣得很。

曹丕和王粲的身份高低不同,但是他们的交往却是文人之间的相互欣赏和敬重,是相知与相惜,有什么比这样真诚的心更重要呢?

可惜的是,这样的时光没过几年,王粲就因病去世了。据说他是死于瘟疫,同建安七子中的另外四位一样。

王粲死后,身为好友的曹丕带着一众文士前来为他送丧。那天,王粲的家里乌压压挤满了人。有人低声哭泣,有人默默流泪,大家都舍不得这位英年早逝的大才子。

正当人们沉浸在各自的悲伤中时,曹丕突然开口道:"王好驴鸣,可各作一声以送之。(仲宣平时喜欢听驴叫,我们各自学一声驴叫来送送他吧。)"说完,他首先学着驴子嘶鸣起来。身旁的众人见状,也纷纷开口学起驴叫。屋里骤然响起此起彼伏的驴鸣声,这声音喑哑、干涩,充满了哀伤与不舍,毫无礼制可言,唯有真情。

昔日的好友,如今生死相隔,曹丕的悲痛难以言表,这时候还能拿什么表达自己的真心呢?在他看来,葬礼上的规矩、礼数都不过是表面功夫,只有从心而发的这一声驴鸣,才是对王粲最好的告别。

人物名片

曹丕

曹丕：魏文帝，字子桓。三国时期政治家、文学家，曹魏开国皇帝、魏武帝曹操之子。

曹丕文武双全，博览经传，通晓诸子百家学说，累迁五官中郎将。于建安二十五年（220年）建立魏国，结束了汉朝的统治。曹丕在位期间，对内平定了青州、徐州一带的割据势力，最终完成了北方地区的统一。对外平定边患，击退鲜卑，和匈奴、氐、羌等民族修好，恢复在西域的建置。

曹丕于诗、赋皆有成就，擅长五言诗，与其父曹操和弟曹植并称"建安三曹"。著有《典论》，当中的《论文》是中国文学史上第一部系统的文学批评专论作品。

王粲

王粲：字仲宣，东汉末年著名的文学家，建安七子之一。

王粲的文学造诣非常高，著有《登楼赋》《七哀诗》等。文学理论著作《文心雕龙》的作者刘勰甚至将王粲誉为"七子之冠冕"。

文学拓展

曹丕所著的《典论》是中国最早的文艺理论批评专著，原有22篇，后大都散佚，只余《自叙》《论文》两篇较为完整。

曹丕提出"文以气为主"，认为文章是个人气质和思想的表达，是寄寓自己思想感情、欢欣、苦恼和追求的艺术载体。

在这里，我们可以欣赏一下《典论·文选》：

文人相轻，自古而然。傅毅之于班固，伯仲之间耳，而固小之，与弟超书曰："武仲以能属文为兰台令史，下笔不能自休。"夫人善于自见，而文非一体，鲜能备善，是以各以所长，相轻所短。里语曰："家有敝帚，享之千金。"斯不自见之患也。

今之文人：鲁国孔融文举、广陵陈琳孔璋、山阳王粲仲宣、北海徐干伟长、陈留阮瑀元瑜、汝南应玚德琏、东平刘桢公干，斯七子者，于学无所遗，于辞无所假，咸以自骋骥𬴊于千里，仰齐足而并驰。以此相服，亦良难矣！盖君子审己以度人，故能免于斯累，而作论文。

王粲长于辞赋，徐干时有齐气，然粲之匹也。如粲之《初征》《登楼》《槐赋》《征思》，干之《玄猿》《漏卮》《圆扇》《橘赋》，虽张、蔡不过也，然于他文，未能称是。琳、瑀之章表书记，今之隽也。应玚和而不壮，刘桢壮而不密。孔融体气高妙，有过人者，然不能持论，理不胜辞，至于杂以嘲戏。及其所善，扬、班俦也。

常人贵远贱近，向声背实，又患暗于自见，谓己为贤。夫文本同而末异，盖奏议宜雅，书论宜理，铭诔尚实，诗赋欲丽。此四科不同，故能之者偏也；唯通才能备其体。

文以气为主，气之清浊有体，不可力强而致。譬诸音乐，曲度虽均，节奏同检，至于引气不齐，巧拙有素，虽在父兄，不能以移子弟。

　　盖文章，经国之大业，不朽之盛事。年寿有时而尽，荣乐止乎其身，二者必至之常期，未若文章之无穷。是以古之作者，寄身于翰墨，见意于篇籍，不假良史之辞，不托飞驰之势，而声名自传于后。故西伯幽而演易，周旦显而制礼，不以隐约而弗务，不以康乐而加思。夫然则，古人贱尺璧而重寸阴，惧乎时之过已。而人多不强力；贫贱则慑于饥寒，富贵则流于逸乐，遂营目前之务，而遗千载之功。日月逝于上，体貌衰于下，忽然与万物迁化，斯志士之大痛也！

　　融等已逝，唯干著论，成一家言。

知识扩展

建安文学与"三曹"

　　建安是东汉献帝的年号，指 196 年—220 年。这一时期的文学，尤其以诗歌创作最盛，是中国诗歌上的一个创作高峰，诞生了诸如《观沧海》《短歌行》等著名诗歌。其中，曹操、曹丕、曹植父子三人不仅是政治人物，在文学上他们也取得很好的成就，合称为"三曹"，并与被称为"建安七子"的孔融、陈琳、王粲、徐干、阮瑀、应玚、刘桢一起，被视为建安文学的代表人物。

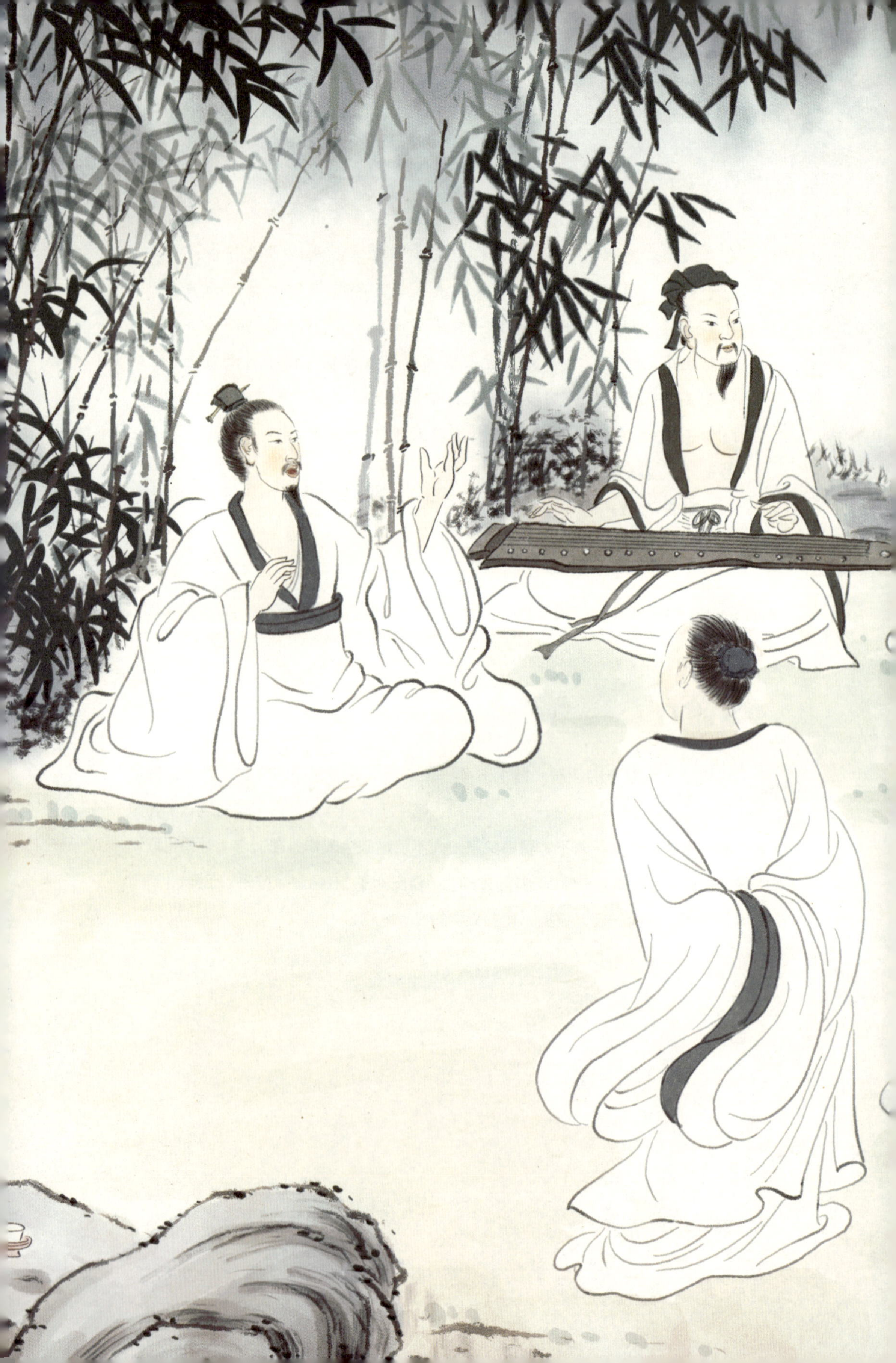

隐居竹林处，
知己相伴

巨源在，
汝不孤矣。

隐居竹林处，知己相伴

通透的友谊背后，是最大的气度

魏景元三年（262年），在洛阳东市的一处刑场高台之上，刽子手神情严肃地紧盯着即将被处刑之人，手中的刀散发着肃杀的寒光，而那死囚犯却是满脸淡然超脱。他席地而坐，膝上架着一张古琴，萧萧肃肃，爽朗清举。他抬起手，琴弦被拨动，在场众人都安静下来。

随着台上之人的演奏，琴声由悠扬婉转渐入激昂慷慨，台下渐渐出现了愤恨者、掩涕者、失声痛哭者、不忍卒听者……

刑场上的这位抚琴人名叫嵇康，字叔夜，生于魏文帝黄初五年（224年），曾任中散大夫，妻子是一代枭雄曹操的曾孙女长乐亭主。

在魏晋时期，有这样一个七人组合，七位成员整天泡在竹林里弹琴、喝酒、谈人生。他们才华横溢而不慕名利，崇尚贴近自然、自由无拘束的生活方式，被世人称为"竹林七贤"。嵇康便是其中的标杆式人物。

七人中，以嵇康、山涛、阮籍三者关系最为要好。他们几乎整日在一起，久而久之，山涛的妻子韩氏终于忍不住发问："你们三个大老爷们儿，天天晚上神神秘秘地待在一起干吗呢？"

"我这两位朋友可是风华绝代，才貌双全，天上地下绝无仅有的神人。"山涛满脸崇拜地解释道。韩氏一听，心想："天底下真有这般完美无缺的人？我不信，我得亲自确认一番才行。"于是，有一次山涛邀请嵇康、阮籍两人来家中做客时，韩氏悄悄待在隔壁房间，透过提前在墙上凿好的洞观察他们。

不看不要紧，这一看韩氏竟忘神地看了一整夜。二人走后，韩氏对二人赞不绝口，甚至认为两人的才华远在丈夫之上。就这样，得到媳妇的肯定，几个好朋友继续着遗世独立、超然洒脱的生活。

三人若能一直如此自由洒脱下去该有多好，奈何时局动荡，曹魏集团、司马集团以及后来的刘宋集团轮番争权夺利。对于各大政治集团而言，旗下的人才必定是多多益善。因此，大名鼎鼎的"竹林七贤"成了政治家们竞相争抢的香饽饽。

后来，司马集团在这场混战中获得了暂时的胜利，原本支持曹家的人纷纷当起了墙头草，倒向了司马家。但嵇康一向看不惯司马兄弟揽权专政，常常在公开场合驳斥司马家，加上他老婆是曹家人，于众人眼中他便成了反司马一族的领头羊。

山涛的情况却恰恰相反：他的父亲与司马懿的夫人张春华是表兄妹，所以山涛和司马昭、司马师兄弟算是表兄弟。于是司马家一获胜，便邀请山涛出山当大官，山涛很快一飞冲天，成了司马昭兄弟最信任的人。

山涛做了大官，自然不会忘了好朋友。朝廷一有肥缺，他便争取内部推荐名额,想让嵇康顶上去,甚至还要把自己的官职让给嵇康。谁承想,嵇康非但不接受此番好意,还寄去了一封书信——《与山巨源绝交书》。

嵇康在信中明确表达了自己的态度,其中提到了"七不堪,二不可",即七件不能忍受的事情和两件无论如何也不会去做的事情。

> 有必不堪者七,甚不可者二:卧喜晚起,而当关呼之不置,一不堪也。抱琴行吟,弋钓草野,而吏卒守之,不得妄动,二不堪也。危坐一时,痹不得摇,性复多虱,把搔无已,而当裹以章服,揖拜上官,三不堪也。素不便书,又不喜作书,而人间多事,堆案盈机,不相酬答,则犯教伤义,欲自勉强,则不能久,四不堪也。不喜吊丧,而人道以此为重,已为未见恕者所怨,至欲见中伤者;虽瞿然自责,然性不可化,欲降心顺俗,则诡故不情,亦终不能获无咎无誉如此,五不堪也。不喜俗人,而当与之共事,或宾客盈坐,鸣声聒耳,嚣尘臭处,千变百伎,在人目前,六不堪也。心不耐烦,而官事鞅掌,机务缠其心,世故烦其虑,七不堪也。又每非汤、武而薄周、孔,在人间不止,此事会显,世教所不容,此甚不可一也。刚肠疾恶,轻肆直言,遇事便发,此甚不可二也。
>
> ——嵇康《与山巨源绝交书》

嵇康说他无法忍受那些有碍他原本生活的一切礼规，包括早起、端坐、保持卫生、社交，以及说一些不愿意说的场面话或者不能说自己的心里话等。总之，他不想为了做官放弃自己哪怕一点点自由，他不羁的灵魂不允许他做司马集团的臣子。

此信洋洋洒洒1700多字，无一不在表达自己对从政为官的不适宜，以及对个人自由的无限追求。这篇明志之文后来被有心之人利用，成了刺向嵇康的一柄刀子。

司马昭手下有一个叫钟会的人，早年间他曾拜访过嵇康，但嵇康看不上此人，便只顾自己打铁，对他不大理睬。小心眼儿的钟会觉得自己受到了侮辱，从此对嵇康怀恨在心。后来，嵇康的好友吕安受到自己哥哥的诬告，被关进了监狱里。嵇康为其清白做证，也被抓了起来。

钟会瞅准机会，向司马昭进献谗言："嵇康是条盘踞着的龙，不能让他腾起。"他抓住《与山巨源绝交书》中的"非汤、武而薄周、孔"一话做文章，批判嵇康言论放荡，诽谤社会公德和朝廷政策。他怂恿司马昭趁这个机会铲除嵇康，以正视听。

司马昭听信了钟会的话，下令处死嵇康。行刑前，山涛不顾外界的风言风语，坚持赶去狱中见这位知己最后一面。要知道在这之前，因为绝交风波，他们已经好几年没有往来了。

山涛声音哽咽，情真意切地问："兄弟呀！我该做些什么才能救你出去？"

嵇康却摆摆手，告诉山涛："唉，罢了。我这辈子得罪的人太多，早料到会有这结果，我已经做好赴死的准备，只是有一件事相求，请替我照顾好我的一双儿女吧。"

无论政治立场如何相对，无论人生选择如何不同，能在人生最后的时间托付儿女，可见山涛一直都是嵇康在这个世界上最信任的人。所谓"君子和而不同"，大概便是嵇康与山涛这般了。

嵇康被处以死刑的消息传开，3000名太学生集体请愿，要求司马昭释放嵇康，可这依旧没能救得了他。洛阳东市的刑场，嵇康弹奏的曲子由激昂又变得缓和起来，他的生命随着这首《广陵散》一起走向了尾声。一曲终了，嵇康缓缓放下古琴，他看了看台下的人们，看到了为他请愿的3000名太学生，看到了悲痛的山涛，看到了早已泪流满面的妻子儿女，看到了奸计得逞而暗暗发笑的死对头们，而后，他留下一声长叹："《广陵散》于今绝矣！"

至此，一代名士嵇康的生涯彻底完结。

而山涛没有辜负嵇康的临终所托，将他的一双儿女抚养成人，其子嵇绍更是被培养成了一个刚正有才之人。

冯友兰先生在谈到魏晋名士独特的精神风貌时，提到十分重要的一点就是"必有深情"，而嵇康与山涛便是"深情"的印证。

人物名片

嵇康

嵇康：字叔夜，三国时期曹魏思想家、音乐家、文学家。

嵇康从小博览群书，广习诸艺，在文学、音乐、书法、绘画等方面都很有才华。他擅长文学创作，其中以四言诗成就最高。清朝学者何焯曾评价他的四言诗："四言不为《风》《雅》所羁，直写胸中语，此叔夜高于潘、陆也。"

他在音乐领域也很有建树，写了《琴赋》《声无哀乐论》这两本音乐理论著作，还创作了《风入松》《长清》《短清》等琴曲。后人将他的嵇氏四弄与蔡邕的蔡氏五弄合称"九弄"。隋炀帝时期，弹奏"九弄"还曾被定为选官条件。

嵇康年轻时非常傲气，他热爱自由，藐视礼法，不愿意与世俗之人同流合污。《晋书·嵇康传》中记载："康居贫，尝与向秀共锻于大树之下，以自赡给。"这是说，他不愿做官，反倒打铁谋生，以这种方式来表达自己的豪迈不群。

山涛

山涛：字巨源，三国至西晋时期大臣、名士。

山涛 40 岁步入仕途，这以后一直到去世他几乎都在做官。他是一个非常有政治敏感度的人。司马家发动兵变以前，司马懿曾佯病不出，山涛那时就猜到他不怀好意，因此辞官隐退。这之后不到两年，司马懿果真发起高平陵事变，夺取了曹魏政权。

后来，山涛在司马师的帮助下重新做官，并且跟钟会、裴秀等人都相处得很好。这两人因为利益闹不和时，山涛仍旧对他们不偏不倚，他们因此并不记恨山涛。可以看出，山涛很善于处理人际关系。

山涛做官多年，始终兢兢业业，为朝廷举荐了非常多的人才。凡是他推荐的人，几乎都在当时显名，他也因此很受百姓爱戴。山涛去世后，司马炎按照最高的祭祀等级"太牢"为他祭祀。当时，司徒左长史范晷等人上奏说："涛旧第屋十间，子孙不相容。"司马炎于是又为山涛的家人们修建住宅。

文学拓展

嵇康临刑前，在狱中给儿子嵇绍写下一封书信，教导他如何为人处世，成为一个稳重有志向的人。这封书信被后人取名为《家诫》，我们在此选取一小段略作赏析。

家诫（节选）

晋·嵇康

人无志，非人也。但君子用心，有所准行。自当量其善者，必拟议而启动。若志之所之，则口与心誓，守死无二。耻躬不逮，期于必济。

若心疲体懈，或牵于外物，或累于内欲；不堪近患，不忍小情，则议于去就。议于去就，则二心交争。二心交争，则向所以见役之情胜矣。或有中道而废，或有不成一篑而败之。以之守则不固，以之攻则怯弱。与之誓则多违，与之谋则善泄。临乐则肆情，处逸则极意。故虽繁华熠燿，无结秀之勋；终年之勤，无一旦之功。斯君子所以叹息也。

第一段开头即点明主旨：做人要有志向。而后，作者通过叙述君子的行为来阐述一个人实现志向所要具备的条件：当你确定自己的目标以后，为此制订恰当的计划，心口如一，坚持不懈，为不能实现这一目标感到耻辱。这样，最终一定可以成功。

第二段，作者用更多的篇幅从反面阐述一个人无法实现志向的表现。如果你做一件事的时候内心懈怠或被身外之物所束缚，被内心的欲望所左右，无法忍受眼前的困难，那么你很可能会功亏一篑。这样的人即便天资聪颖，也成不了大事。因为他们守不住誓言，藏不了秘密，有点儿高兴的事就飘飘然，从不会居安思危。

通过前后对比，作者是想告诉儿子：人不仅要有志向，更要有实现志向的优秀品质。这些品质包括毅力、忍耐、专心、谨慎、努力等。只有不畏艰难，不贪图享乐，一心为自己的志向而奋斗，才不至于让自己碌碌无为、徒劳无功，最终叹息懊悔。

知识拓展

竹林七贤

竹林七贤是指魏末晋初的七位名士：嵇康、山涛、阮籍、阮咸、向秀、刘伶、王戎。

《晋书·嵇康传》中记载："（嵇康）所与神交者惟陈留阮籍、河内山涛，豫其流者河内向秀、沛国刘伶、籍兄子咸、琅邪王戎，遂为竹林之游，世所谓'竹林七贤'也。"

魏晋更迭时期，时局动荡，当权者的斗争使天下大乱，民不聊生。因而，当时许多文人都倾向于在虚无的境界中去寻找精神寄托，由此产生了玄学。竹林七贤正是魏晋时期玄学的代表人物。他们在生活中任达不拘，藐视礼教，常常以饮酒放浪来排遣心中忧愤，表达对现实社会的不满。

嵇康　山涛

作为文人雅士，"竹林七贤"代表了魏晋时代那种崇尚自然、率性而为的精神，所以他们的人物故事也成了中国绘画的重要题材。其中最早的一幅作品为南朝陵墓中出土的《竹林七贤与荣启期》砖画，之后历代均有名家从不同角度和构思出发，进行创作，如明代仇英、清代冷枚、现代张大千等。

《竹林七贤》清·冷枚

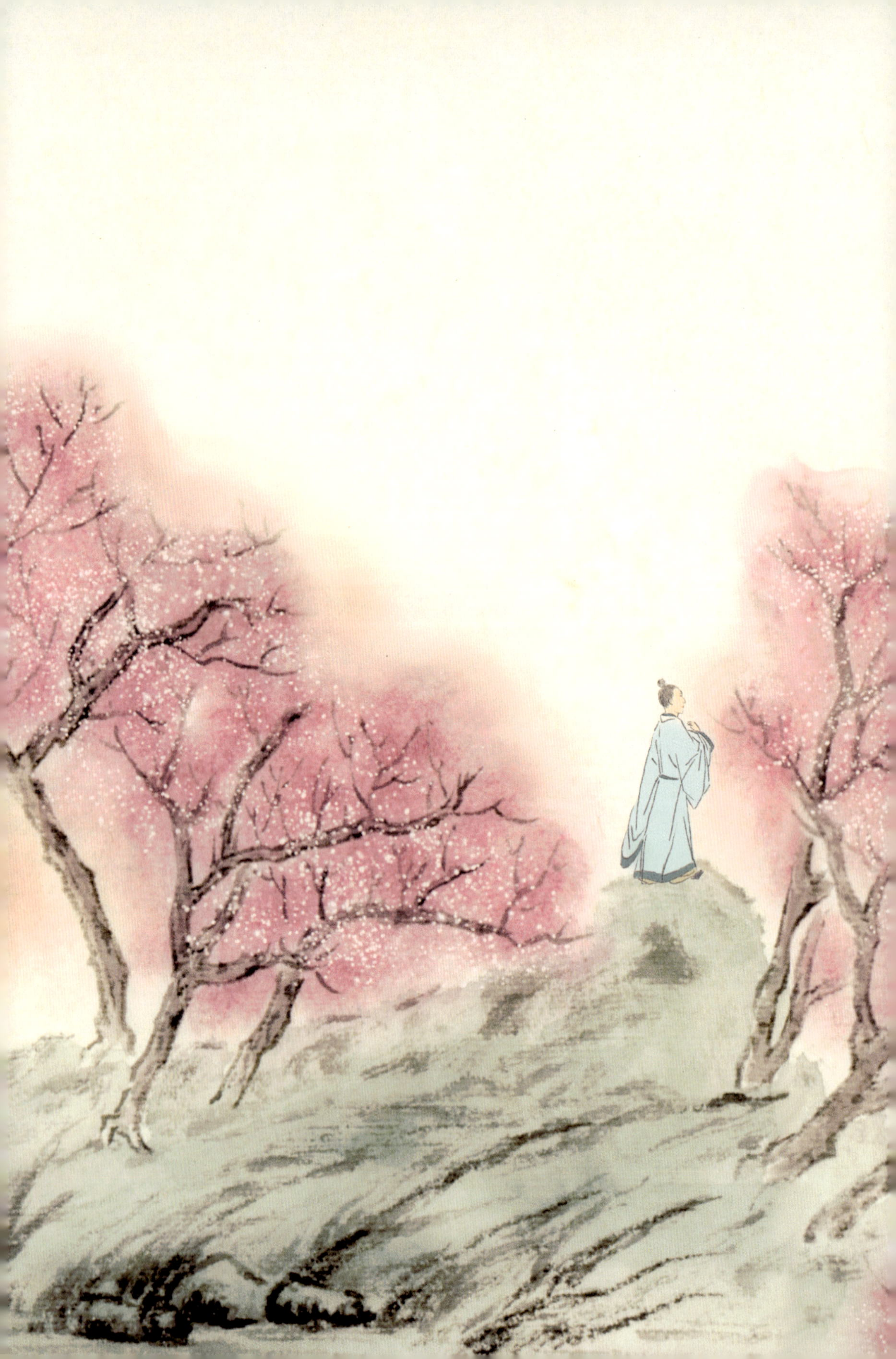

江南无所有,
聊赠一枝春

折花逢驿使,寄与陇头人。

江南无所有，聊赠一枝春

简单朴实的真情流露，才是友谊的关键

公元5世纪，混乱的南北朝时期，时势动荡，战乱频发。

不过在动乱的人世间，四季依旧静静流转，万物依旧生息不止。大自然不会受世间悲惨的影响，依然大方给予人们美好和希望。就像这年春天，一朵朵梅花攀上枝头，绽放出绮丽的颜色，一株紧挨着一株，汇成一片梅林。一位叫陆凯的过路人骑马经过，正好被盛开的梅海吸引。他翻身下马，忘情地流连其中。

陆凯沉浸在春日气息中，暂时忘却了战火纷扰，忘却了破碎的山河，忘却了内心的沉痛……此刻他心中只有喜悦。突然，他想起了一个人，远在北方长安的好友——范晔。往年春和景明之时，陆凯与范晔都会相伴出游，赏花作诗，互相打趣。这样一对好友，如今却南北相隔。于是在这梅林之中，陆凯对友人的思念之情越发浓烈……

此时，一阵急促的马蹄声打断了他的思绪，是一名驿使打扮的人正在匆匆赶路。陆凯拦住了他，询问他要到哪里去，巧了，这位"快递员"恰好要北上传递书信。陆凯大喜，当即伸手折下了一枝开得正盛的梅花，装进信封，交给驿使，并赋诗道：

> 折花逢驿使，寄与陇头人。
> 江南无所有，聊赠一枝春。

驿使收下信后就快马加鞭一路北上，这一趟便是十多天。等范晔收到信时，信封里的梅花早已风干变脆，原本艳丽的花色也褪去大半，徒留一丝淡淡的香气沾染在了信纸上。

尽管花已成了残花，但陆凯所想寄予的思念之情却被收到了。自此，"梅"便成了一种意象，寓意着对亲友的想念。"寄梅"承载了风雅与浪漫，也代表着真挚情感的流转。

后世许多诗人也在自己的诗中引用过这一典故，如宋之问《题大庾岭北驿》中的"明朝望乡处，应见陇头梅"，苏轼组诗《虔州八境图》中的"故人应在千山外，不寄梅花远信来"，欧阳修《春日词五首·其一》中的"不待岭梅传远信，剪刀先放彩花开"。

这种无一字提相思却处处是相思的表达法，是中国传统文化中特有的浪漫。它因含蓄而更加深刻，因寄物而愈加隽永。

人物名片

陆凯

陆凯

目前公认的对范晔身份的考证，为南朝宋时期著名史学家、文学家、官员，也是著名"前四史"之一《后汉书》的作者（其余三本为司马迁的《史记》、班固的《汉书》及陈寿的《三国志》）。而关于陆凯是谁则众说纷纭，当前公认度较高的有两种看法。一是认为陆凯是南北朝时期北魏鲜卑族人，本姓步六孤，字智君，代郡（今山西代县）人，东平王陆俟之孙、建安贞王陆馛之子。且当时北魏与南朝刘宋为敌对阵营。二是认为陆凯为南朝刘宋人士，即与范晔同属一国。

除此之外，还有几种说法：比如此诗实为范晔赠陆凯，或此诗为三国东吴时期的作品……若细致考察，现存的几种说法其实都存在漏洞，感兴趣的读者可以自行查阅了解，此处便不再赘述。

无论如何，就算这个故事中的范晔和陆凯是两位位高权重、成就显赫之人也好，又或者只是恰巧与名人同名的普通人也罢，都不影响"寄梅"所承载的风雅与浪漫，不影响真挚情感的流转。

范晔

范晔：字蔚宗，南朝宋时期著名史学家、文学家和官员。

范晔才华横溢，学识渊博，不仅擅长写文，还精通音乐和书法。同时他还是一个性情孤高、不拘礼数、不愿曲意逢迎之人，即使面对皇帝也不例外。据史书记载，范晔弹得一手好琵琶，宋文帝很想听他弹奏，屡次暗示，可范晔就是装作不知。直到一次宴会上，文帝指名范晔为自己伴奏，他才弹了一曲。而当文帝歌声一停，他立即停止奏乐，不愿多弹。这样的性格注定了范晔仕途坎坷，432年他因为得罪权臣被贬为宣城太守，这却开启了他史学成就的大门——因不得志而更加专心研究史书，最后博采众长，在参考众多汉史书籍的基础上编写了独树一帜的《后汉书》。可《后汉书》还差最后十志未完之时，范晔因谋反罪被捕，他在狱中叹道："惜哉！薶（mái）如此人。"深深感叹着自己满腹经纶却要葬身此地。

文学拓展

《题大庾岭北驿》赏析

古往今来，引用"寄梅"这一典故的诗作有许多，我们前文提到的《题大庾岭北驿》便是其中广为传诵的一首：

题大庾岭北驿
唐·宋之问
阳月南飞雁，传闻至此回。
我行殊未已，何日复归来。
江静潮初落，林昏瘴不开。
明朝望乡处，应见陇头梅。

该诗的作者宋之问是唐朝著名的诗人、官员。这首诗作于他贬官路上经过的五岭之一——大庾岭（其余四岭为越城岭、骑田岭、萌渚岭、都庞岭）。五岭以南的区域被称为岭南，在古人眼中是一块蛮荒之地，被贬至此就约等于被流放了，当时甚至有北雁南飞至此不过岭南的说法。被发配到如此荒凉的地方，不难想象宋之问内心有多么抗拒与惆怅。

于是，有感于自己的不幸，宋之问写了眼前之景："太阳落山，暮色迫近，连江潮都平息了，水面一片沉寂，安静得有些死气沉沉。山林间瘴气缭绕，久久不能散去，看不清前方的路途。"事实上，模糊不清的又岂止是脚下之路，更是仕途与人生之路。此情此景，愈发加剧了诗人内心的悲苦。

最后两句是在如此落魄的境地下，诗人残留的一丝美好愿景："明天早上到达岭上的时候，我要再望一望故乡，即便难以望见熟悉的身影与土地，但应该还能看到岭上盛开的梅花吧！"此处，宋之问引用的便是"折梅逢驿使，寄与陇头人"的典故。他多么希望此时的他也能折一枝梅花寄向故土，以此表达自己的思念，以此宽慰远方的亲友呀！

《孤雁儿》赏析

李清照是著名的南宋女词人,号易安居士,她的丈夫赵明诚为金石考据家。他们相携相伴致力于书画金石的搜集整理,感情极好。后来赵明诚病死,李清照伤感孤苦,创作了这首《孤雁儿》:

孤雁儿

宋·李清照

藤床纸帐朝眠起,说不尽、无佳思。沈香断续玉炉寒,伴我情怀如水。笛声三弄,梅心惊破,多少春情意。

小风疏雨萧萧地,又催下、千行泪。吹箫人去玉楼空,肠断与谁同倚。一枝折得,人间天上,没个人堪寄。

其序为:世人作梅词,下笔便俗。予试作一篇,乃知前言不妄也。

此序何其狂哉,世上唯有易安足言此!

这首词明为咏梅,暗为悼亡,寄托了对丈夫的真挚感情和无限哀悼:"院内梅花开得正好,顺手摘下一枝,可是一想,又寄给谁呢?人世间已经没有可寄之人。"这里也引用了范晔、陆凯寄梅的典故,情思无限。

知识拓展

《后汉书》

《后汉书》是范晔一生最大的成就,且对后世史学的发展影响极大。范晔在《狱中与诸甥侄书》中,曾把自己与极负盛名的史学家班固相比,认为自己的《后汉书》"博赡不可及之,整理未必愧也",即在内容广泛上可能比不过《汉书》,但在史料的处理和编纂体例创新上未必逊色。尽管这有自夸之嫌,但《后汉书》确实在继承《史记》《汉书》纪传体例的基础上，开创了一系列新的史书体例。值得一提的是，它改变了《史记》与《汉书》将皇后列入《外戚传》的写法，为皇后写了本纪。东汉从和帝开始，连续有六个太后临朝，把她们的活动写成本纪的形式是对历史事实的尊重。而在此之前，只因汉高祖之妻吕雉特殊的地位，《史记》才特例为吕后作本纪。

另外，范晔还是第一位在纪传体史书中专为非皇族女性作传的史学家，最难能可贵的是，他对入书女子的选择原则是"搜次才行尤高秀者，不必专在一操而已"。与之相比，后世史家承袭他而作的各类"贞洁烈妇传"，不仅思想毫无进步，反而更显拘泥和逊色了。

古诗中常见象征"友谊"的事物

"梅"作为一种意象，可以寓意对亲友的想念，"寄梅"也成了友情的象征。而在中国传统文化中，还有许多事物能象征思念友人，其中比较著名的一个意象就是"笛声"。这是源自竹林七贤之一向秀所作的《思旧赋》。

此赋前有一段序言：

> 余与嵇康、吕安居止接近，其人并有不羁之才。然嵇志远而疏，吕心旷而放，其后各以事见法。嵇博综技艺，于丝竹特妙。临当就命，顾视日影，索琴而弹之。余逝将西迈，经其旧庐。于时日薄虞渊，寒冰凄然。邻人有吹笛者，发音寥亮。追思曩昔游宴之好，感音而叹，故作赋云。

这段序的意思是："我的好友嵇康、吕安都是旷达豪放的有才之士，却都各自因为一些事情被杀。而且嵇康尤其精通音律，甚至临刑之时，他还要过琴来弹奏。有一天我出发去远方，路过我们几个人旧日的居所，恰巧此时太阳正在缓缓下落，寒冷的冰霜显得更加凄凉。忽然，远处传来了嘹亮而断续的笛声，原来是陌生的邻人吹起了一首伤感的曲子。我被这笛声触动，不禁想起了从前一起游玩宴乐的时光，叹息不止，于是写下了这篇赋。"

"闻笛""笛声"便从此流传开来，含义也渐渐从只思念友人，延伸到思念爱人、思念家乡等，为后世许多文人所引用。比如，唐代诗人刘禹锡《酬乐天扬州初逢席上见赠》中的"怀旧空吟闻笛赋，到乡翻似烂柯人"，李白《春夜洛城闻笛》中的"谁家玉笛暗飞声，散入春风满洛城"，宋代女词人李清照《孤雁儿·藤床纸帐朝眠起》中的"笛声三弄，梅心惊破，多少春情意"，弘一法师李叔同填词的《送别》一歌中的"晚风拂柳笛声残"，等等。闻笛怀人，闻笛思乡，已成为一种内涵，深深地印刻在我们的文化中。

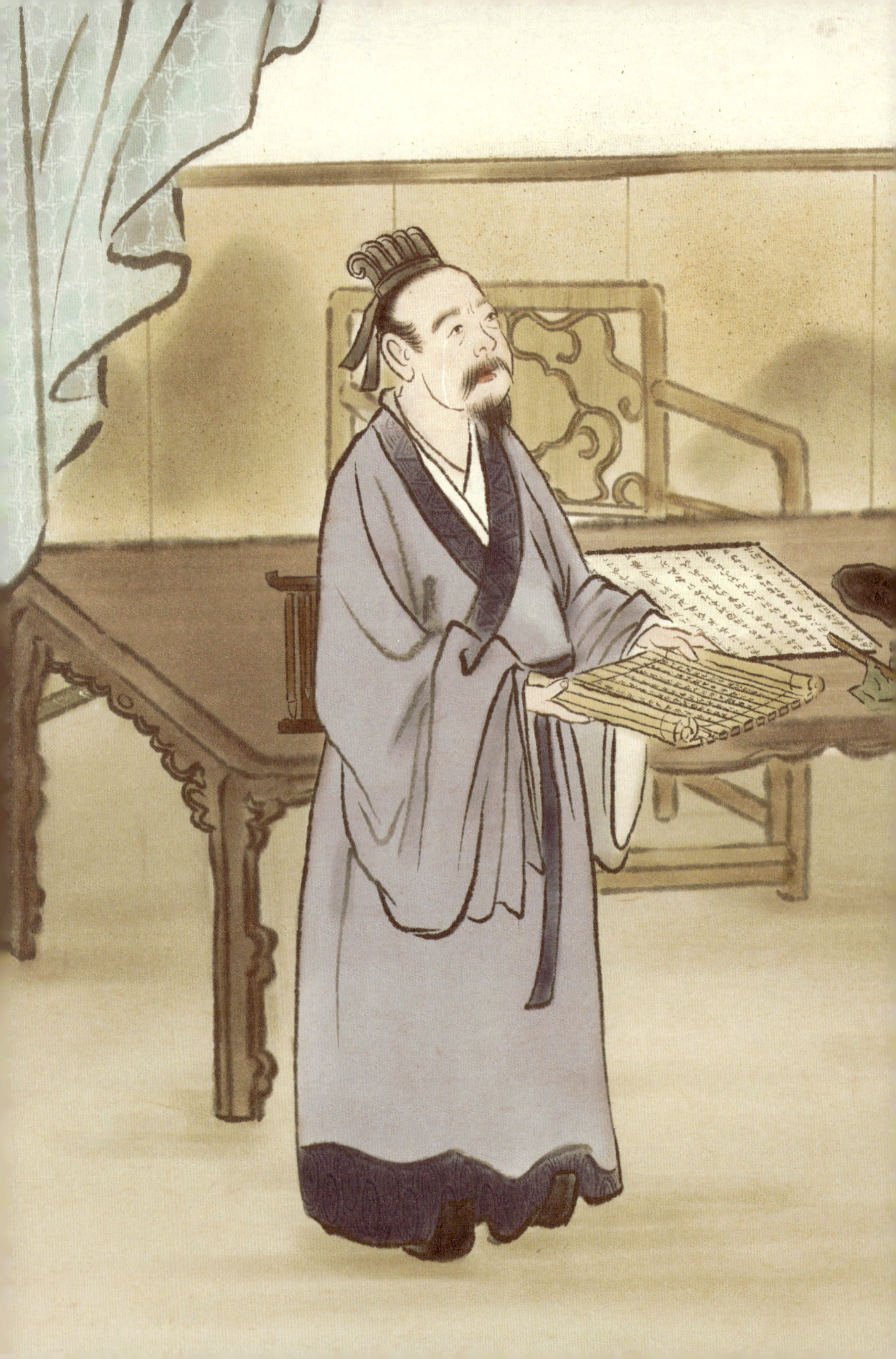

吾虽不杀伯仁,伯仁由我而死幽冥之中,负此良友!

吾虽不杀伯仁，伯仁由我而死

沉默未必是金，
朋友之间缺少沟通，会产生天大的误会

322年，出身于琅琊王氏的大将军王敦领兵造反，攻向京城建康，不久成功逮捕晋元帝一派的周颢（yǐ）、戴渊等人。

这日，天色敞亮，大街上和往常一样人来人往。王敦的几名手下正押着周颢、戴渊二人往建康城南走去。这两人的双手被缚在身后，上半身被麻绳绑了个结实，但他们头颅高昂，脚步坚定而有力，看不出一丝畏惧。

就在一行人途经太庙时，周颢突然对叛将王敦破口大骂起来："贼臣王敦倾覆社稷，枉杀忠臣，陵虐天下，神祇有灵，当速杀敦，无令纵毒，以倾王室！（狗贼王敦，竟然敢造国家的反，滥杀忠臣，苦害百姓，真是十恶不赦！天地神灵啊，求你快点儿杀了这个乱臣贼子吧，别再让他横行霸道了！）"

话还没说完，身旁兵丁大喝一声，狠狠推了他一把。周颢一下子摔倒在地，周围的人纷纷停下脚步，朝周颢等人望过来，看见他面色从容，一副准备好要赴死的样子，有人不禁悄悄抹起了眼泪。

几个兵丁推搡着周颢和戴渊继续往南走，出建康城南门可以看见一块大石,那块石头此刻正在阳光下,静静等待将要在此处被斩首的两个囚犯。后来,王敦的堂弟王导每每听人说起周颛临死的场景,心里总会生出几分懊悔:那时候,要不是我……

时间回到318年。这一年,在王导、王敦兄弟的辅佐下,晋元帝司马睿即位,建立东晋。

按理说司马睿称帝,这天下就是司马家的天下。可谁承想,王导、王敦兄弟俩颇有能耐,一个在内辅朝政,一个在外主军事,几乎瓜分了晋元帝的大半势力,使得东晋初年形成"王与马,共天下"的局面。

这么一来,晋元帝可不高兴了:"琅琊王氏的势力如此之大,哪天他起兵造反,我不是等着送命?正所谓'亡羊补牢,为时未晚',现在想办法牵制王家,没准还是有点儿用的。"于是,晋元帝重用刘隗、刁协等人,又把自己信任的几个部将外派出去抵御王敦。同时,他渐渐疏远了王导。

手握大权的王敦原本就暗藏野心,晋元帝搞这么一出,他也坐不住了,马上打着反对刘隗、刁协的名头起兵,往建康城攻过来。刘隗为了自保,请求晋元帝处决王氏家族。这个消息很快传到王导耳朵里,把他吓了一跳:晋元帝毕竟是皇帝,万一他真的下令诛灭王家,那琅琊王家可就断送了。

为护家族周全,王导赶紧带着自己的一大家子人跑去晋元帝跟前谢罪:"逆臣贼子,何世无之,岂意今者近出臣族。(叛臣贼子,哪个时代没有!没想到会出现在我们王家。)"言外之意是，王敦是家族的叛臣，但王家的其他人可都对您忠心耿耿，请晋元帝刀下留人。

向皇帝表忠心，可不是磕几个头，说几句好话就完事的。王导也深知这一点，因此天天带着家人到宫门外长跪，向晋元帝请罪。这天，王导等人正跪在太阳底下，周𫖮来了。周𫖮是王导的同事，也是晋元帝的大臣，平日跟王导的关系还不错，但是周𫖮向来刚正不阿，如今王家出了这等事，也不知道他会不会跟自己断绝关系。可不管如何，眼下若能有人在晋元帝跟前帮自己、帮王家多说点儿好话，那王家人的性命就多了份保全的希望。

这么想着，王导叫住了周𫖮，哀求他说："伯仁，以百口累卿！[伯仁（周𫖮字伯仁）哪，我们家一百多口人的性命就靠你了！]"看在我们交情的分上，求你帮我们在皇帝面前多说些好话吧。

王导以为周𫖮至少会念及两人的情分，帮不帮忙都表个态，没想到周𫖮仿佛没听见似的，从王导面前走过，径直往晋元帝的宫殿走去。进了宫殿见到晋元帝，周𫖮说尽王导的好话，言辞恳切地跟晋元帝保证王导的忠诚之心。晋元帝跟王导相处多年，也了解王导的为人，又见周𫖮这么为他担保，就接受了周𫖮的意见，不打算要王导一家的命。

周𫖮一向喜欢喝酒，看皇帝愿意听自己的话，很开心，就在宫里喝起酒来，一直到喝醉了才打道回府。他出门的时候，王导等人还跪在宫门口，一见周𫖮出来，王导赶忙问他："伯仁，怎么样了，你跟皇帝说了没有？皇帝什么态度？"

周颉浑身散发着酒气，微微踉跄脚步跟王导擦身而过，并没有回答他的话，反倒自言自语着："今年杀诸贼奴，取金印如斗大系肘。（今年等那些乱臣贼子都被杀光了，我要拿个斗大的金印带在身上。）"

看周颉事不关己的样子，王导真是气不打一处来，默默在心里给他记了一笔。王导不知道，周颉虽然装作跟自己不熟，可他一到家里就立即写了一篇奏折替王导求情。

后来，王敦顺利攻入建康，执掌大权，准备干掉那些跟自己立场不同的人，其中就有周颉和戴渊。王敦不仅厌恶他们站在自己的对立面，也嫉妒他们的才能。不过，他知道王导和周颉既是同事又互为好友，总归不好贸然下手，就跑去探王导的口风："周颉、戴若思南北之望，当登三司，无所疑也？（周颉和戴渊称得上是南北的两大才子，我觉得应该封他们做三司，你怎么想？）"说着，王敦悄悄打量起王导的神色，但王导一言不发。

王敦收回视线，清了清嗓子，问道："若不三司，便应令仆邪？（如果不当三司，那至少得封他们做个尚书令、尚书仆射吧？）"

王导还是不说话，反而自顾自地喝起了茶。王敦看王导这反应，也差不多摸清了他的态度，便直接进入正题："若不尔，正当诛尔。（既然都不行，那干脆杀了他们吧。）"

王导依旧保持沉默，王敦就当他是默许了。就这样，周颉和戴渊在建康城的南门外被王敦杀害。

后来有一天，王导奉命料理中书省的文件资料，恰巧发现了当初周颛为他辩白的奏折。他这才知道,原来当初自己和全家能够平安无事,周颛是帮了大忙的,只是人家没有说出来,而自己却不信任周颛,错怪他,甚至在决定他生死的时刻保持沉默,最终害了他。

看着手中的奏折,回想这一切,王导不禁潸然泪下。他对不起好友的恩情,也对不起他们俩之间的友情。如若当初他能主动向周颛陈明自己的顾虑,同好友解开心结,也就不会失去这样一位忠义的朋友了。

强烈的负罪感让王导无法直视自己的所作所为。回去后,他对家里上上下下的人说:"吾虽不杀伯仁,伯仁由我而死。幽冥之中,负此良友!(我虽然没有亲手杀害伯仁,但他却因为我而死,我实在是辜负了这个好友呀!)"

然而,王导的懊悔和自责,周颛早已无法听见了。

对周颛来说,或许在王导找他求情的那一刻,便已想到了自己的结局。

他太了解王导了,当王导来找他时,他已经猜到了对方所求。当他经过王导身边未曾表态时,他也猜到了王导将心生误解,只是他不想解释。在他看来,为王导上书是自己想做的事,跟王导是否请托他并无关系,他只是做了不违背本心的事而已。而当自己面对死亡时,他自然也不会开口向王导求情,因为他只是承担了自己做的事所带来的后果而已,这也与王导无关。

表面看来,周颛之死是朋友之间缺少默契产生的误解,但本质上却是双方对友情的不同理解导致的。于王导而言,友情是忠于朋友;于周𫖮而言,友情更是忠于自己。

人物名片

周颛

周颛：字伯仁，晋朝汝南郡安成县人。历任太子少傅、吏部尚书，累迁左仆射。

《晋书·周颛传》记载："周颛字伯仁，少有重名，神采秀彻。司徒掾贲嵩有清操，见，叹曰：'汝颍固多奇士！自顷雅道陵迟，今复见周伯仁，将振起旧风，清我邦族矣。'"可见周颛年少时便已因品德高尚而享有盛誉。

虽然周颛才能品德俱佳，但他有一个最大的缺点——嗜酒如命，并且常常因为喝醉了酒，导致工作上的差错，有"三日仆射"之称。永昌元年（322年），周颛在王敦之乱时遇害，终年54岁。

王 导

王导：字茂弘，琅琊郡临沂县人，东晋开国元勋，政治家、书法家。

西晋晋武帝司马炎去世后，国家内部矛盾愈演愈烈，因而爆发了"八王之乱"。与东晋开国皇帝司马睿交好的王导看清了天下局势，便劝说司马睿南下建邺（今南京）。为了在南方立足，王导开始结交南方的一些名士，替司马睿拉拢人心，这为建立东晋政权打下了良好基础。

南方社会逐渐稳定后，许多北方士族南渡而来。王导又提出"侨寄法"，在南方士族势力较弱的地区设置侨州、侨郡、侨县，安置北方迁入的士族和百姓。这些迁入的人不用负担国家的赋税和徭役，于是北方百姓纷纷南迁，带来了先进的中原文化和技术，使南方迎来了一次极大的发展。

文学拓展

王导除了是一名杰出的政治家,还是一名出色的书法家。虽然他在书法方面的造诣不如侄子王羲之,但可以说,琅琊王氏能涌现出王羲之、王献之、王珣、王珉等众多书法大家,王导的引导功不可没。

王导到底有多热爱书法呢?据记载,他曾把钟繇的《宣示表》缝在衣袖中,并发誓:"帖在人在,帖亡人亡。"

王导的书法以行草为佳,有《省示帖》《改朔帖》流传后世。

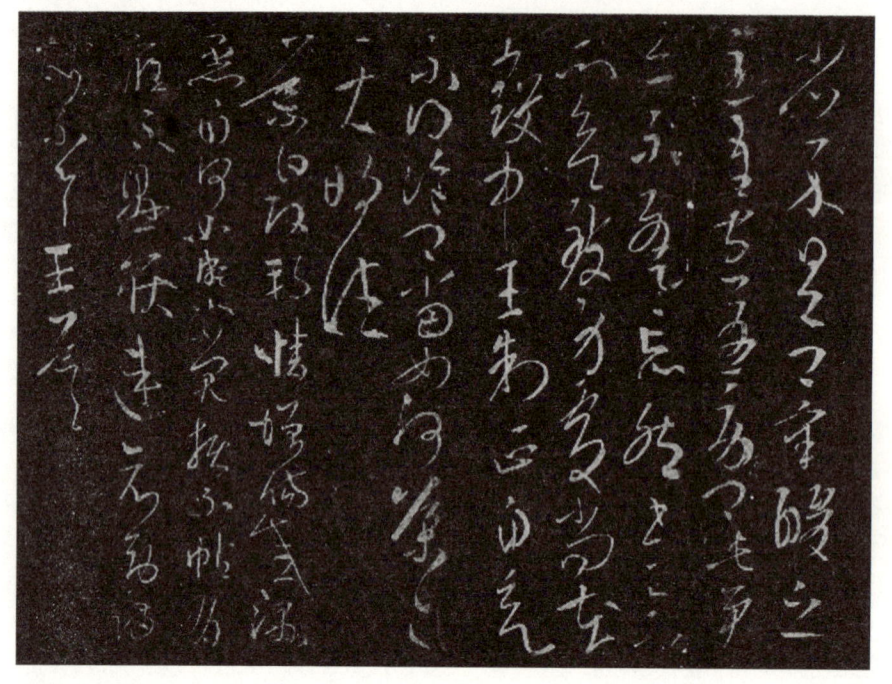

《省示帖》

省示帖

省示具卿,辛酸之至,吾甚忧劳,卿此事亦不蹔(zàn)忘。然书足下所欲致身处尚在毂中,王制正自欲不得许卿,当如何?导亦天明往。导白。

译文：看完后一一与你说，甚是心酸，我很忧愁劳累，你的事我并不敢忘。只是你想要求官之事还没有着落，我正在想，如果事情没有替你办妥该怎么办呢？唉，我明天天亮再跑一趟吧。王导陈述。

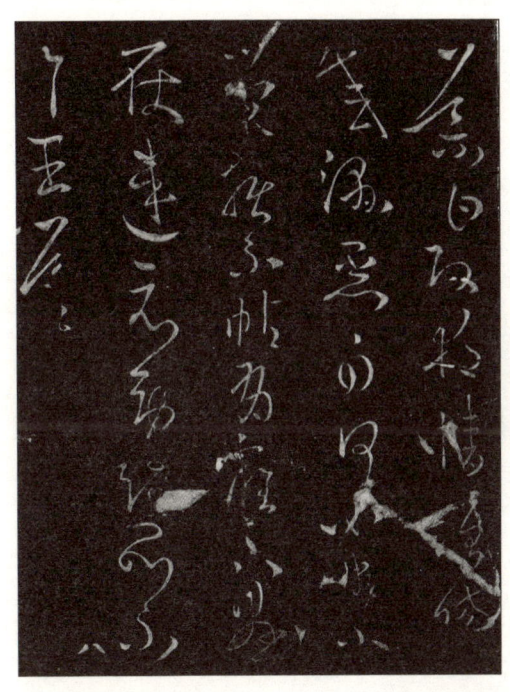

《改朔帖》

改朔帖

导白。改朔情增伤感，湿蒸事何如？顾小觉损不？帖有应不？悬耿，连哀劳，满闷不具。王导。

译文：王导陈述，经过一个月以后，我的心情更加伤感了，你的湿热之症如何了呢？有没有觉得病症稍微减轻了些？上次回信中的帖方有没有用呢？这些天我心情一直不安，连日忧愁劳累，胸闷不畅，就不多写了。王导。

知识拓展

"王与马，共天下"

东晋政权建立以后，民间一直流传着"王与马，共天下"这一说法。其中的"马"指的便是东晋开国皇帝司马睿所代表的司马氏，而"王"指的是王导所代表的琅琊王氏。司马睿作为西晋司马家族的旁支，能够在"八王之乱"后建立相对稳定的东晋政权，离不开王氏家族的悉心扶持。

西晋开国皇帝司马炎去世后，将皇位传给司马衷。司马衷是历史上有名的"傻子皇帝"，一句"何不食肉糜"使他成为昏庸的典型代表。正是因其无能，皇后贾南风把持朝政，一手造就了"八王之乱"，葬送了西晋的河山基业。而这时，偏居山东琅琊的司马睿正好远离权力斗争的旋涡中心。同样出身琅琊的王导相中司马睿，认为其有成为帝王的潜质，便留在他身边一心辅佐。

面对斗争纷乱的中原局势，王导劝说司马睿赶紧到南方去，"帝之在洛阳也，导每劝令之国"。可是到建邺后，司马睿并没有受到本土大家族的青睐，反而备受冷落。王导很清楚，如果不能得民心，司马睿在当地必然待不长久。为了消除南北士族的隔阂，王导开始在士族中间斡旋调和，笼络人心。晋书中记载："会三月上巳，帝亲观禊（xì），乘肩舆，具威仪，敦、导及诸名胜皆骑从。吴人纪瞻、顾荣，皆江南之望，窃觇之，见其如此，咸惊惧，乃相率拜于道左。导因进计曰：'古之王者，莫不宾礼故老，存问风俗，虚己倾心，以招俊乂。况天下丧乱，九州分裂，大业草创，急于得人者乎！顾荣、贺循，此土之望，未若引之以结人心。二子既至，则无不来矣。'帝乃使导躬造循、荣，二人皆应命而至，由是吴会风靡，百姓归心焉。自此之后，渐相崇奉，君臣之礼始定。"

在王导的帮助下，司马睿将原本松散的南方士族聚拢在一起，形成了相对稳定的政权。永嘉五年（311年）匈奴人刘曜、氐族人石勒攻破洛阳，北方许多有名望的大家族纷纷南下，有记载称"洛京倾覆，中州士女避乱江左者十六七"，历史上把这一现象称为"永嘉南渡"。大量人员涌入以后，王导劝说司马睿趁机招贤纳才，司马睿的势力因此得到了进一步增强。

建兴五年（317年）西晋灭亡后，司马睿便在建康（建邺改名为建康）称帝，任命王导为丞相。司马睿即位时邀请王导同坐御床，王导再三推辞不受，司马睿这才作罢。司马睿之所以如此器重王导，是因为他知道王导在调解南北士族关系上有着无可取代的地位。王导一旦出事，他好不容易巩固的政权或许就会动摇。

东晋的建立，王导功不可没，这也是经过司马睿认证的。在王导的苦心经营之下，琅琊王氏的族人地位堪比司马家族，"王与马，共天下"的说法自然有一定道理。但王导也知道东晋内部各大士族的矛盾是无法完全消弭的，自己一旦干涉过多，士族间的矛盾就会瞬间爆发。于是他选择无为而治，不过多插手，才使得各方矛盾都处于缓和阶段。《世说新语》中就记载了这么一段趣事："丞相末年，略不复省事，正封箓诺之。自叹曰：'人言我愦（kuì）愦，后人当思此愦愦。'"

王导去世后不久，"王与马，共天下"的局面便被打破，东晋开始重走西晋的老路，内部四分五裂了。

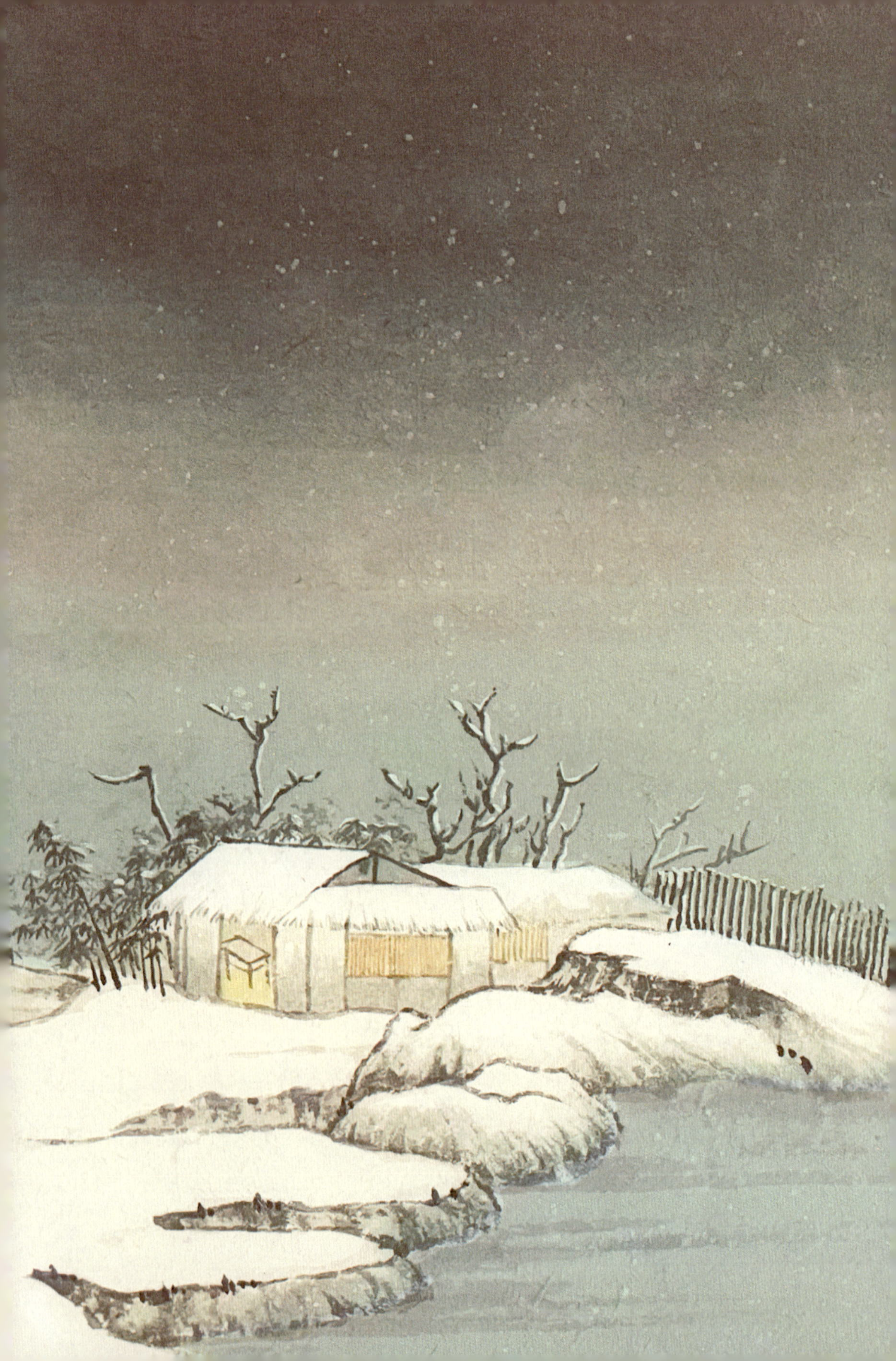

乘兴而行，兴尽而返

吾本乘兴而行，兴尽而返，何必见戴？

乘兴而行，兴尽而返

一切由心，这就是真性情的朋友

江南一带，很少有那一年那样的大雪。雪花如绒絮，在广阔的夜空中自由起舞、飞旋，而后仿佛带着某种使命一般，悄悄落到地上。乡野村舍沉睡在一片寂静之中，毫无生气。

夜未过半，雪渐渐停息。月亮从云层后边探出身子，往大地投下一抹白光。山阴县的全景这时候显得清晰起来，犹如一幅清冷的画卷。

"吱——嘎——"一阵沉闷的开门声划破雪夜的静谧。在一间房子里，火光跳动，杯盏碰撞，酒香和热气从房门大开的室内漾了出来。

"再拿一壶来。"王徽之一边吩咐侍从，一边又斟了一杯酒。酒醇香浓烈，带着一丝温热滑过他的胸腔，落入肚腹，实在令人满足，"啧——哈——"

独自小酌了几杯后，王徽之踱步至屋外。四下望去，周围一切都覆盖在皑皑白雪之下，阒（qù）寂无声，唯独家中透出的橙黄色光亮，将房前的白雪映照出一丝暖意。

忽然，王徽之想起了自己隐居在剡（shàn）县的好朋友戴逵。可是这会儿，他应该早已入梦了吧？不，说不准他跟自己一样，也在家中喝酒赏雪呢。

"备船。"王徽之转身回屋，又灌下一杯酒，"到剡县见见戴安道（戴逵字安道）去。"

很快，侍从安排好船工，王徽之独自一人登上了前往剡县的小船。

夜色苍茫，水流潺潺，小船摇摇晃晃行了一夜，终于在天际泛白时抵达戴逵家附近。

王徽之站在船头，向不远处的山林看去。大山银装素裹，仿佛一个巨人，守卫着山脚下那一间茅草屋。王徽之却没有下船，他在船头静立良久，只是注视着戴逵家的方向，一动不动。

"您不上岸吗？"船工问道。

听见这话，王徽之转身坐回船中："回去吧。"

船工满脸惊讶："咱们辛苦赶了一夜的路，好不容易才到这儿，您还没见到想见的人呢，怎么就要回去了？"

王徽之爽朗一笑，说道："吾本乘兴而行，兴尽而返，何必见戴？（我本来就是一时起了兴致，想来见见老朋友。如今兴头已过，这一路也很满足，干吗非要见到他呢？）"

说话间，旭日东升，树上的积雪显出即将消融的态势。船工将船撑离岸边，往来时的方向划去。天色很快变得敞亮，小船载着两人，在无边的白色世界里，又一摇一晃地远去……

雪夜酒酣之时，谁能触动你的灵魂？

人物名片

王徽之

王徽之：字子猷，书圣王羲之的第五个儿子，也是东晋时期著名的书法家。

王徽之非常崇尚魏晋时期的名士风气，因此经常披头散发，不修边幅，行事上也比较散漫任性，不愿受规矩约束。不过，当时的执政者和各级官员都十分欣赏王徽之的才华，再加上他出身名门，所以对他自由懒散的性格比较包容。

《晋书·王徽之传》中记载过一件趣事。王徽之担任骑曹参军时，有一天，他的顶头上司桓冲问他："你知道自己管理的是哪个部门吗？"王徽之竟说："这我还真不知道。不过我经常看到有人把马牵进牵出的，所以我猜应该不是骑曹就是马曹吧。"桓冲又接着问："你知道你名下管理的马匹数量吗？"王徽之毫不在意地挥挥手，说道："这你还是去问我手下的饲马员吧，我又不管这些事，怎么会知道呢？"桓冲只好又问："听说你们这儿最近有很多马病死了，死掉的马有多少？"王徽之依旧泰然自若，说："我连活马的数量都不了解，更别说死马了！"桓冲听后也只能无奈地摇了摇头。

戴逵

戴逵：字安道，东晋时期著名的雕塑家、画家。

《晋书·隐逸传》评价戴逵"性高洁，常以礼度自处，深以放达为非道"。意思是戴逵这个人生性高洁，时刻用礼仪制度来规范自己，在内心深处把放浪形骸看作是不合规矩的。

戴逵曾作文章说："若元康之人，可谓好遁迹而不求其本，故有捐本徇末之弊，舍实逐声之行，是犹美西施而学其颦眉，慕有道而折其巾角，所以为慕者，非其所以为美，徒贵貌似而已矣。夫紫之乱朱，以其似朱也。故乡原似中和，所以乱德；放者似达，所以乱道。"

戴逵在这段文字中用"东施效颦"来讽喻元康时代（291—299年）那些所谓放达人士对"竹林七贤"的拙劣模仿。这些人只是追求字面意义上的隐居，而不是真在探索隐居的本意。他们仰慕的并不是对方真正的优点，只是追求表面形式而已。在戴逵看来，这种无意义的模仿自然是要受到批判的。

文学扩展

在王羲之的七个儿子中,书法成就最高的是他的小儿子王献之,其与父亲并称为"二王"。但王徽之的书法造诣也不差,他的书法挥洒自如,笔法多变。在宋代的《宣和书谱》中,就评价王徽之书法"作字亦自韵胜"。

《新月帖》

二日告:x氏女新月哀摧,不自胜,奈何奈何。念痛慕不可任。得疏,知汝故异恶,悬心。雨湿热,复何似,食不?吾牵劳并顿。勿复数日还,汝比自护。力不具。徽之等书。

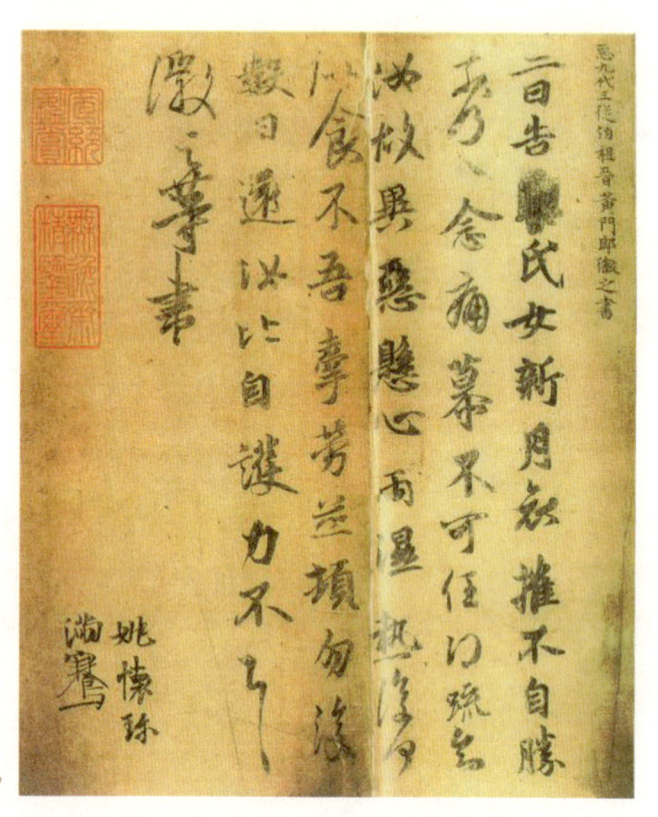

《新月帖》

知识拓展

东晋人名中的"之"字

书圣王羲之共有七子，按照从长到幼分别为：王玄之、王凝之、王涣之、王肃之、王徽之、王操之、王献之。不难发现，七兄弟名字的最后一个字都是"之"。这本是一件很常见的事，因为自古以来我国就有按辈分取名的传统：一个家族中同辈人名字的第二或第三个字相同，但一般会避开父辈名字中所含的字。在中国古代，这种不与长辈、皇族重字的习惯叫作"避讳"。

那么为什么给七兄弟取名时没有避开父亲名中的"之"字呢？这就涉及"之"字的特殊用法了。

国学大师陈寅恪先生在论文《崔浩与寇谦之》中考证说："六朝天师道信徒以'之'字为名者甚多，之在名中，代表宗教信仰，如佛教之'释''法'类。'之'非特专之真名，可以不避讳，可以省略。"意思是"之"用在名字中，只是代表宗教信仰，代表这个人是天师道信徒。

王徽之对竹的热爱

《晋书·王徽之传》中记录了这样一则小故事："子猷性爱竹，尝暂寄人空宅住，便令种竹。或问：'暂住何烦尔？'王啸咏良久，直指竹曰：'何可一日无此君？'"大意是说，王徽之生性爱竹，曾有一次暂时借住别人的空房时，让人在宅子中种竹子。有的人就问他："你只是暂时住一下，何必搞得这么麻烦？"王徽之不紧不慢地哼了会儿歌，手指着竹子说道："怎么可以一天没有它呢？"

后世的大诗人苏轼还在自己的《于潜僧绿筠轩》一诗中用过这个典故："宁可食无肉，不可居无竹。"

同王徽之、苏轼一样，古人普遍爱竹。除了竹的形态美好惹人喜爱外，古人还对"竹"怀有特殊的情感，认为它是清淡高雅、高风亮节的君子正气的象征，被誉为"花中四君子"之一。

雲閒酒

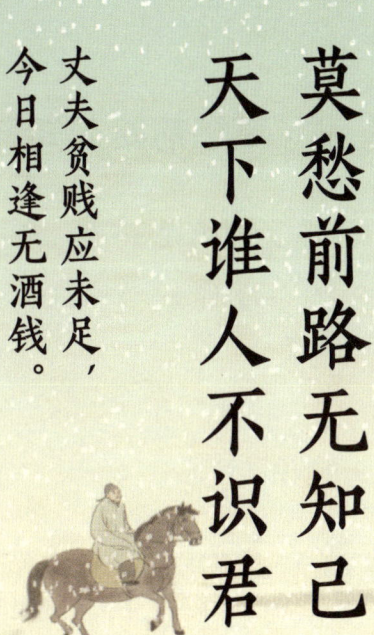

莫愁前路无知己,
天下谁人不识君。
丈夫贫贱应未足,
今日相逢无酒钱。

莫愁前路无知己，天下谁人不识君

交朋友一定要交
懂你、赏识你、勉励你的人

747年冬季，睢阳下了一场极大的雪。

那天上午天空还是晴朗的，到了中午乌云霎时聚拢，天色变得迷蒙起来。浓云铺满天际，一层覆盖一层，令人感到窒息。不多时北风四起，街巷上开始回荡冬日特有的呼啸声，时而喑哑，时而尖锐，鬼哭狼嚎一般。落雪则纷纷扬扬，被狂风挟持着在空中一通乱舞。

"这鬼天气！"

"看样子得下到明早。"

两个伙计把手插在袖子里，缩着脖子往不远处的小酒馆跑去。大街上很快空无一人，横七竖八的脚印随即也被落下的雪花覆盖。

酒馆内，一张临窗的桌子旁，高适和好友董大正相对而坐。温热的白雾从他们面前的杯盏中缓缓腾起，氤氲出几缕酒香。

"哈——"高适将杯中的酒一口闷下，"这一口下去可真舒坦。"

董大也跟着喝下一杯，道："多年没有这么畅快了！"

虽然天气状况并不好，但酒馆里还是有好些人，三两个成一桌，吵吵嚷嚷。高适放眼环顾了一圈，看向董大："想当初我们分别时还都是英姿飒爽的少年郎，如今，老了老了。"

董大夹一筷子小菜放进嘴里："时间摧人身，也摧人心哪。你这些年过得怎么样啊？"

"东游西逛呗，没什么建树。"窗外的风雪还在耳畔狂欢，高适沉默下来。

这一年，高适44岁了，人生大半已经过去，但他仍旧一事无成。

回想自己20岁时，意气风发，志存高远，孤身来到长安城，想要一展人生宏图，不承想"白璧皆言赐近臣，布衣不得干明主。归来洛阳无负郭，东过梁宋非吾土"，珠宝美玉只会赐给皇帝身旁的大臣，像自己这样寂寂无名的小人物连面圣的机会都没有。到洛阳去，没有土地安身；看看梁、宋一带，也不适合他生活。天大地大，竟无他高适的容身之处吗？

陷入迷茫的高适思来想去，最终还是在宋城安了家。他蛰居于此，躬耕自给，只为等待一个咸鱼翻身的机会。

这一等，就是8年。

8年的田园生活虽然自在安宁，但每当夜深人静，无所成就的空虚感便开始折磨他："这不是我想要的生活，我得为国家做点儿什么，我得建功立业。"

于是，当契丹反叛唐朝，边境战火纷飞之时，高适毫不犹豫离开宋城，跑到北方蓟门、卢龙等地。他先后尝试投靠李祎和张守珪，希望能有机会参军立功，闯出一番事业。然而"倚剑欲谁语，关河空郁纡"，高适人微言轻，能向谁诉说自己的志向与抱负呢？他再一次铩羽而归。

此时，距离高适离开家已有近10年了。他一直渴望能够有所作为，可就是没遇上一个欣赏他的人，没看到一个发展事业的良机。不过他并不灰心，为得到朝廷重用，他在32岁那年再度来到长安，参加科举考试，但是他又失败了。这以后高适回到宋城，长年居住在那里。

在《淇上别业》一诗中，他曾说："且向世情远，吾今聊自然。"如今这个社会世态炎凉，自己空有一腔才学却无处施展，唯有寄情于自然。

生活如旧，他仍然在等待机会……

不知酒馆的伙计往后厨喊了句什么，高适猛然从回忆中惊醒。他看向友人，将自己的生活娓娓道来，言毕苦笑一下："总之就是不得赏识。你呢，这些年怎样？"

董大叹了口气，缓缓讲述自己这些年的遭遇。窗外雪越下越大，世界被厚重的白色覆盖住。酒桌上高适感慨万分："六翮飘飖（yáo）私自怜，一离京洛十余年。丈夫贫贱应未足，今日相逢无酒钱。（我离开京城10多年，孤身一人，四处飘零。堂堂大丈夫，谁甘心安于贫贱哪，如今跟你见面，却连酒钱也掏不出。）"

两人一番畅聊，很快到了离别之际。董大结过账，同高适一起走出酒馆，在门口作别。

大雪还在下，董大牵起缰绳看着高适，舍不得离开："此去经年，不知什么时候才能再见。天下虽大，知音难觅，如今跟你一别，往后怕是连说心里话的人都没有。"

听好友这番言语，高适心中也感到酸涩。他摸摸马儿的鬃毛，看着董大深情道："莫愁前路无知己，天下谁人不识君。（你不要担心前路渺渺，遇不到知己。像你这样优秀的人，在哪儿都能交上朋友的。）"说完，高适催促董大上马，"保重！"

马蹄溅起落雪，在路上留下一串整齐的印子。高适眼看董大渐行渐远，友人的身影很快湮没于茫茫大雪，独留高适一人，伫立在风雪当中。

两个失意人，两段波折人生，但挚友永远都是理解、欣赏对方的人。离别和失意无不令人感伤，但在这般贫贱的境遇中，在与挚友相辞的时刻，高适仍然怀着一颗洒脱豁达的心，把对朋友劝慰的话说得敞亮而光明，既给朋友慰藉，又充满了信心和力量。

人生总是充满着离别，可一句送别的话流传了千百年，仍在激励着现在的我们。

人物名片

高适

高适：字达夫，唐朝时期大臣、边塞诗人，与岑参、王昌龄、王之涣合称"边塞四诗人"，著有《高常侍集》二十卷。

高适是典型的大器晚成之人。他一生最大的志向就是守护江山社稷，但在年轻时，老天一直没给他机会。46 岁那年，他才终于获得睢阳太守张九皋的推荐，当上了封丘尉。不过，这一小小官职并不能帮助高适实现理想，所以没干几年，他就辞职投奔哥舒翰，去辅佐他镇守潼关。这以后，高适又参与平定永王李璘谋反、讨伐安史之乱等大事，可算为国家出了一番力。

董大

董大：故事中的董大并非其真名，而是高适对好友的昵称。高适这么称呼，是因为这位朋友在他家族的同辈中排行老大。

董大的真实身份是谁？有人认为是著名琴师董庭兰。747年，董庭兰因房琯被罢相而离开京城，和高适一样正处于失意当中。因此，高适与他相见后写下两首《别董大》，既是安慰朋友，也是安慰自己。

但有资料记载，董庭兰"不事王侯，散发林壑者六十载"，且房琯被罢相是在757年，当时高适带着部下四处平乱，正是名声大起之时。所以说董大是董庭兰，显然证据不足。因此本篇故事中，我们保留了董大这一称呼，且把他看作高适的一个好友。

文学拓展

高适的诗歌题材广泛，现实性较强。他写了大量的咏怀诗、边塞诗，以及反映民生疾苦、针砭时弊的诗，如《塞上》《蓟门五首》《淇上别业》《别韦参军》等，我们在此挑选一首进行赏析。

燕歌行

唐·高适

汉家烟尘在东北，汉将辞家破残贼。
男儿本自重横行，天子非常赐颜色。
摐金伐鼓下榆关，旌旆逶迤碣石间。
校尉羽书飞瀚海，单于猎火照狼山。
山川萧条极边土，胡骑凭陵杂风雨。
战士军前半死生，美人帐下犹歌舞。
大漠穷秋塞草腓，孤城落日斗兵稀。
身当恩遇恒轻敌，力尽关山未解围。
铁衣远戍辛勤久，玉箸应啼别离后。
少妇城南欲断肠，征人蓟北空回首。
边庭飘飖那可度，绝域苍茫更何有。
杀气三时作阵云，寒声一夜传刁斗。
相看白刃血纷纷，死节从来岂顾勋。
君不见沙场征战苦，至今犹忆李将军。

其序为：开元二十六年，客有从元戎出塞而还者，作《燕歌行》以示。适感征戍之事，因而和焉。

高适的这首《燕歌行》属于边塞诗，全诗对边塞战争做了十分完整的描述：壮士出征、战场搏杀、为国捐躯……

前八句诗中，作者交代了战事发生的地点和军队出征的威武气派。"摐金伐鼓""旌旆逶迤"，看上去有着一副凯旋的架势，但作者却说他们"横行"，暗指将领恃勇轻敌，为后文的惨败作铺垫。

中间八句描述了战士们与胡人军队征战的场面："胡骑"来势汹汹，唐军伤亡惨重，就在士卒不辨生死之际，将领们却在营帐中纵享歌舞，直接讽刺将领的不作为。"大漠穷秋塞草腓，孤城落日斗兵稀"，这是作者用环境描写烘托气氛，凸显出战争的残酷。

随后八句作者以思妇和征人的别离来表达士兵身陷囹圄的悲戚。"边庭飘飘那可度，绝域苍茫更何有"，作者通过揣摩士兵的心理活动，展现出他们当下处境的危急，可是谁能来拯救他们呢？

最后四句，作者感慨了士卒们视死如归的精神，同时引用飞将军李广的典故与如今骄横放荡、不顾士卒生死的将领作对比，指向鲜明，意蕴深远。

这首诗据说是为讽刺唐朝名将张守珪而作。张守珪曾在736年、738年分别派兵讨伐奚、契丹：第一次因恃勇轻进，为敌所败；第二次先胜后败，但张守珪却谎报军情，企图谋取功名。高适对此颇有感触，遂写下这首《燕歌行》。

知识拓展

旗亭画壁

唐代文人薛用弱的《集异记》中记载了一个和高适有关的故事：

开元中，诗人王昌龄、高适、王之涣齐名。时风尘未偶，而游处略同。

一日，天寒微雪，三人共诣旗亭，贳酒小饮，忽有梨园伶官十数人，登楼会宴。三诗人因避席偎映，拥炉火以观焉。

俄有妙妓四辈，寻续而至，奢华艳曳，都冶颇极。旋则奏乐，皆当时之名部也。昌龄等私相约曰："我辈各擅诗名，每不自定其甲乙。今者，可以密观诸伶所讴，若诗入歌词之多者，则为优矣。"俄而，一伶拊节而唱曰："寒雨连江夜入吴，平明送客楚山孤。

洛阳亲友如相问，一片冰心在玉壶。"昌龄则引手画壁曰："一绝句！"

寻又一伶讴之曰："开箧泪沾臆，见君前日书。夜台今寂寞，独是子云居。"适则引手画壁曰："一绝句！"

寻又一伶讴曰："奉帚平明金殿开，且将团扇共徘徊。玉颜不及寒鸦色，犹带昭阳日影来。"昌龄则又引手画壁曰："二绝句！"之涣自以得名已久，因谓诸人曰："此辈皆潦倒乐官，所唱皆巴人下里之词耳！岂阳春白雪之曲，俗物敢近哉？"因指诸妓之中最佳者曰："待此子所唱，如非我诗，吾即终身不歌与子争衡矣！脱是吾诗，子等当须列拜床下，奉吾为师！"因欢笑而俟之。

须臾，次至双鬟发声，则曰："黄河远上白云间，一片孤城万仞山。羌笛何须怨杨柳，春风不度玉门关。"之涣即揶揄二子，曰："田舍奴！我岂妄哉？"因大谐笑。

诸伶不喻其故，皆起诣曰："不知诸郎君，何此欢噱？"昌龄等因话其事。诸伶竞拜曰："俗眼不识神仙，乞降清重，俯就筵席！"三子从之，饮醉竟日。

这个故事是关于王昌龄、高适、王之涣三位诗人的一件趣事。说的是有一天，三位诗人朋友去酒楼喝酒，正好隔壁坐了几个梨园弟子在唱歌。由于当时的诗词是可以当歌词唱的，所以三位诗人就私下约定，看谁的诗被唱得多，谁就最优秀。结果，王昌龄和高适的诗都被唱了，却没人唱王之涣的。王之涣却不在意，他打赌那个技艺最高的弟子一定会唱他的诗。果然，最后那位歌女唱的就是他的名作《凉州词二首·其一》。

高适、王昌龄、王之涣都是唐代著名边塞诗人。故事中最后一位歌女所唱的"黄河远上白云间,一片孤城万仞山。羌笛何须怨杨柳,春风不度玉门关",正是王之涣存世不多的代表作之一《凉州词二首·其一》。诗中描绘了诗人黄河远眺的感受,同时也展示了边塞地区壮阔、荒凉的景色,整首诗苍凉慷慨、壮烈广阔。也因此,此诗被后人誉为终唐之世,绝句无出其右的压卷名篇之一。

玉门关遗址

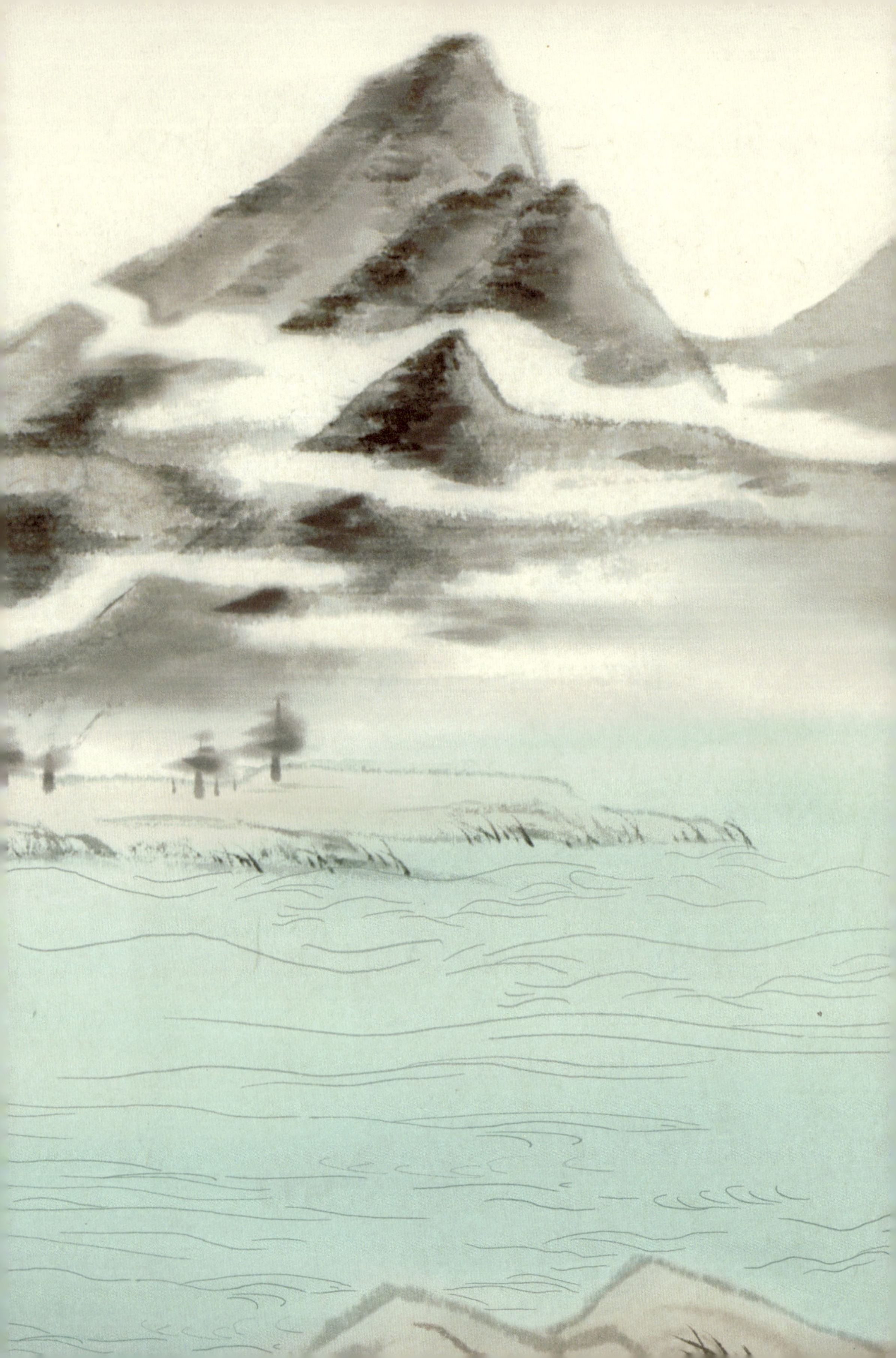

君埋泉下泥销骨,
我寄人间雪满头

始以诗交,终以诗诀。

君埋泉下泥销骨，我寄人间雪满头

男人间的友谊，可以有多深情

809年3月，长安。

时年37岁的白居易和弟弟白行简、友人李杓直一起在曲江池畔漫步，谈笑风生。沿岸桃花灼灼，杨柳依依。三个人迎着拂面而来的微风，往慈恩寺方向缓缓踱步。

一番游罢，他们到李杓直家中继续喝酒，折花作筹，可谓兴致十足。就在大伙儿都有些醺醉，正相互嬉闹之际，白居易像是突然想起了什么，收敛笑容，望着庭院里的桃树沉吟道："忽忆故人天际去，计程今日到梁州。（算算日子，微之这时候该到梁州了吧。）"

同日，几百公里外的汉川驿，奉命出使东川的元稹（字微之），此刻正在驿站的房间内做着美梦。梦中，他同白居易、白行简、李杓直一起游玩曲江，观览慈恩寺，惬意极了。然而很快，晨曦微露，亭吏喊人准备车马的声音将元稹从睡梦中惊醒，难以再入眠，他索性写了首《梁州梦》寄给白居易："梦君同绕曲江头，也向慈恩院院游。"

半个月后白居易收到信，一看落款日期，忍不住仰天大笑:"微之呀微之,咱俩果然是灵魂伴侣呀!"

究竟是怎样的感情,能让相隔几百公里的这对好朋友如此心有灵犀呢?故事还得从803年讲起。

那一年,白居易31岁,元稹24岁,他们同在吏部科考中光荣登第,当上了中书省的校书郎。两人虽然相差7岁,但一见面就意气相投,成了非常要好的朋友。

在性情方面,他们都刚硬耿直,不做曲意逢迎之事;在政治主张上,他们都极力反对宦官专权,渴望缓解民生疾苦;在写诗作文方面,他们怀有相似的创作主张,还一同发起了"新乐府"运动。用白居易的话来说,他跟元稹交好,仅仅因为"所合在方寸,心源无异端",是纯粹的心意相通。

他们在长安做了三年校书郎。两个人春天骑马赏花,冬天饮酒看雪,每次在家中见面都可以不戴发带和发冠,不修边幅,一起睡觉、聊天,实在畅快得很,正是:

> 花下鞍马游,雪中杯酒欢。
> 衡门相逢迎,不具带与冠。
> 春风日高睡,秋月夜深看。

不过,做校书郎的日子虽然轻松愉悦,但这工作并不符合白居易和元稹的政治追求。因此,806年,他们辞去职务,跑到华阳观里一起学习、探讨国策,准备参加制科考试。很顺利地,这次两人又同登科第,可这一次,他们未能在长安共事。原本当上左拾遗的元稹因为锋芒毕露，得罪朝中权贵而被贬河南；白居易则被授予周至县县尉一职。自此，他们的余生几乎都在长久的分离中度过。

幸而两人之间的那份情谊，没有在距离和时间的阻隔下慢慢淡去。即便山水相隔，他们也常常与对方和诗通信，互诉衷情。

809年，元稹以监察御史的身份出使东川。到骆口驿时，他瞧见墙壁上有白居易的题诗，便驻足细读起来，读完还不忘作诗寄给对方："尽日无人共言语，不离墙下至行时。（因为这里没有可以交心的人，我就一直站在墙下读着你的诗。）"

白居易收到好友的来信，回复说："唯有多情元侍御，绣衣不惜拂尘看。（我写的诗也就只有像你这样多情的人，才会拂去灰尘细心阅览了。）"

过了些日子，元稹行到嘉陵江畔。夜间，月色满地，江水在晚风中咚咚拍岸，声音如鼓。他又思念起远在长安的白居易来："嘉陵江岸驿楼中，江在楼前月在空。"收到诗的白居易即刻写诗回信："嘉陵江曲曲江池，明月虽同人别离。"两人一个在曲江池畔，一个在嘉陵江边，看着同一轮明月，虽千里相隔，却在互相挂念着对方。

一路上，元稹写下了12首诗，白居易一一附和。就连思念妻子韦丛时，元稹也向白居易和盘托出，而白居易完全懂得，还用韦丛的口吻写下"两处春光同日尽，居人思客客思家"来抚慰好友。元稹和白居易的感情就这样在一首首诗歌中更加深厚起来。

有一回，白居易想念起元稹来，便在自家院子里栽了几棵竹子，写诗告诉对方："怜君别我后，见竹长相忆。"元稹收到白居易的惦念，马上回复他："爱君直如发，勿念江湖人。"

看见紫薇花开，白居易就会想到元稹："除却微之见应爱，人间少有别花人。"元稹呢，看见桐花满地，也开始思念白居易："是夕远思君，思君瘦如削。"

一唱一和，一来一往，两个大男人之间这般甜甜蜜蜜，竟没让人觉得别扭，反倒生出几分感动。这份友情在两人分隔异地的情况下还能几十年如一日，实在让人羡慕！

不过，真正的友情不只要经受住时间的考验，更要挨得住苦难的磨炼。在人生低谷时期，白居易和元稹这对好朋友的确也交出了一份极其动人的考卷。元稹被贬河南不久，他的母亲便去世了。白居易得知消息后，马上给他送去安慰，并给元母写下一篇墓志铭。5年后白居易的母亲也去世了，元稹当时正在江陵，无法亲自前往，就让侄子前去悼念，同时为白母写下一篇墓志铭。

在后来写的《寄元九》一诗中，白居易如此说道："怜君为谪吏，穷薄家贫褊。三寄衣食资，数盈二十万。（在我为母亲守孝的那段日子里，我知道你被贬江陵，自己也不富有，但你还是省吃俭用，前后给我寄来二十万的钱。）"

明明两个人都过得不容易，可元稹依然选择为白居易委屈自己。白居易怎会不理解好友呢？他接受元稹的慷慨相助，不是贪恋衣食，而是因为这是元稹的一片真心。

815年，被贬江陵5年之久的元稹终于奉召回京，但不久又因性格耿直不为权贵所容,再次被贬通州。同年,白居易因为武元衡遇刺事件也遭贬谪,去往江州。这时候距离他们初相识已经过去10多年。昔日,两人在长安彻夜畅谈的画面还历历在目,眼下却纷纷受挫,各自天涯,白居易不禁悲从中来:"眼痛灭灯犹暗坐,逆风吹浪打船声。"在前往九江的船上,他拿出元稹写的诗来读,直读到灯火熄灭,眼睛酸痛,他是多么思念元稹哪!而另一边,身在通州的元稹正经受着疟疾的痛苦,听闻白居易被贬江州的消息时,他顿感心中一片悲凉。

窗外风雨交加,屋内灯影幢幢,元稹挣扎着从床上坐起,给白居易回信:"垂死病中惊坐起,暗风吹雨入寒窗。"

然而,这封回信辗转两年才送到白居易手里,一起送来的还有一封小信,信中记录了两年前元稹病重的情况。白居易读罢,犹恻恻耳,随即动笔,写下一封《与元微之书》:"微之微之!此夕我心,君知之乎?"

此后,元稹和白居易终于恢复通信,再度开启了过去那番你侬我侬的诗书往来。白居易知道通州地处江南一带,春夏之际天气湿热,待着恐怕不太舒服。他不知从哪里得到了纱裤和竹席,托人给元稹送过去:"通州炎瘴地,此物最关身。"元稹当然也惦记着白居易,拿到上好的丝布就给他捎去,让他做衣服穿:"腰带定知今瘦小,衣衫难作远裁缝。"

一天夜里,白居易梦见元稹,醒来就写信问他:"不知忆我因何事,昨夜三回梦见君。(你是不是在想我呀?我昨天梦见你了。)"

元稹看到诗后,回复说:"我今因病魂颠倒,惟梦闲人不梦君。(唉,我现在病得厉害,脑子都成糨糊了,梦里尽是别人,就是没有你。)"

在这般往来之间,时光悄然流逝,谁都没有想到生离死别会来得如此之快。

831年,元稹在武昌暴病身亡。消息传到白居易那里,他霎时哭成了泪人:"从此三篇收泪后,终身无复更吟诗。(这次写完三首祭奠微之的诗,以后怕是再吟不出其他诗了吧。)"

与自己同心的友人离世,白居易的世界真正变得空虚起来。在为元稹写了墓志铭后,他将元家人给他的六七十万钱都捐给了香山寺。此后数年,白居易的生活又经历了多番辗转。他时常思念起元稹,但即使在梦中,也鲜有和友人见面的机会。

在元稹离世9年后的一天夜里,白居易又梦见了他。想到他已去世多年,自己如今又老又病,却还在这人世间苦苦挣扎,白居易忍不住悲叹道:"君埋泉下泥销骨,我寄人间雪满头。"

元稹和白居易这一生交往近30年之久,但大部分时光他们都是在分离中度过的。他们相互挂念,寄情诗书,大大方方倾诉"我可真想你"!用白居易的话来说,他们的友情是"始以诗交,终以诗诀"。

这始终如一令人钦羡。人们常说,人生得一知己足矣,元、白二人可真是无憾了!

人物名片

元稹

元稹：字微之，别字威明。

元稹年少时便小有名气，《旧唐书·元稹传》中记载："稹聪警绝人，年少有才名，与太原白居易友善。工为诗，善状咏风态物色，当时言诗者，称元、白焉。自衣冠士子，至闾阎下俚，悉传讽之，号为'元和体'。"

元稹不光是新乐府运动的核心成员，更是中唐时期古文运动的领导者。他所创作的唐传奇《莺莺传》叙述了一段动人的爱情悲剧，为《西厢记》等经典戏曲故事提供了创作素材。

白居易

白居易：字乐天，号香山居士。

白居易是新乐府运动的代表人物，有着"诗魔"和"诗王"之称，主张"文章合为时而著，歌诗合为事而作"，一生写下不少反映民生艰苦的诗作。白居易写诗以闲适诗和讽喻诗为主，作诗时突出主题，强调"一吟悲一事"。他的诗歌语言直白浅显，据说"老妪能解"。

正因为白居易的诗歌以反映底层百姓的生活、讽刺时政为主，他的仕途一波三折。《旧唐书·白居易传》中对此记载：

> 章武皇帝纳谏思理，渴闻谠言，二年十一月，召入翰林为学士。三年五月，拜左拾遗。
>
> 元和十年七月，执政方恶其言事，奏贬为江表刺史，诏出，中书舍人王涯上疏论之，言居易所犯状迹，不宜治郡，追诏授江州司马。
>
> ……
>
> 时元稹在通州，篇咏赠答往来，不以数千里为远。

文学拓展

元稹和白居易创作、流传至今的诗篇不计其数。下面的两首是各自的代表作，或许从中我们能够一窥元、白二人更为丰富的精神世界。

离思五首·其四

唐·元稹

曾经沧海难为水，除却巫山不是云。

取次花丛懒回顾，半缘修道半缘君。

这首诗是元稹为悼念亡妻韦丛所作，其典型之处在于借物托情。其中的"沧海""巫山"指代的是元稹心中如白月光一般难以忘怀的亡妻。他处的"水"，他处的"云"和"花丛"则是世间其余匆匆过客，任其再绚烂，在元稹与亡妻的深情面前也都黯然失色，成了过眼云烟。

全诗委婉但用情深刻，浪漫而不庸俗，饱含伤悲却不沉溺于伤悲，可谓悼亡诗中的绝佳之作。

卖炭翁

唐·白居易

卖炭翁，伐薪烧炭南山中。

满面尘灰烟火色，两鬓苍苍十指黑。

卖炭得钱何所营？身上衣裳口中食。

可怜身上衣正单，心忧炭贱愿天寒。

夜来城外一尺雪，晓驾炭车辗冰辙。

牛困人饥日已高，市南门外泥中歇。

翩翩两骑来是谁？黄衣使者白衫儿。

手把文书口称敕，回车叱牛牵向北。

一车炭，千余斤，宫使驱将惜不得。
　　半匹红纱一丈绫，系向牛头充炭直。

　　该诗前十二句，先写卖炭翁烧炭之艰辛，木炭得来不易；再写卖炭翁家境贫寒，卖炭所得仅能支撑自己必要的衣食所需；后又写环境之恶劣，路途险阻，岁冻天寒，单薄的衣裳在风雪面前如同无物，一人一牛，行走在被冻得僵硬的泥路上，等到达集市门外时，已经是牛困人饥，仅凭着将木炭卖个好价钱的期许支撑着。

　　后八句写远处骑马而来的两人却扼杀了老翁的期待，他们仅凭一纸皇帝颁布的文告就征收了他全部的货物。而用来换取这千余斤炭的不过是半匹红纱一丈绫，远不及木炭的价值。

　　全诗无一处议论，用最平铺直叙的手法诉说了一个底层人民被统治阶级压迫、剥削的悲剧，以残酷的现实来抨击宫廷豪贵掠夺民间财物，置百姓生死于不顾的社会现实，试图唤醒社会对底层百姓的同情、惋惜。这首诗长久地敲击着人们的内心，发人深省。

知识拓展

唐诗中"梧桐"的象征含义

　　元、白二人的仕途都极其坎坷波折，多次遭遇贬谪。在被贬途中，他们曾五次经过商山驿站——"与君前后多迁谪，五度经过此路隅。笑问中庭老桐树，这回归去免来无"。寒来暑往，驿站前矗立的梧桐树成了二人苦难和友谊的见证者。因此，在他们互赠的诗歌中，"梧桐"成了一个重要事物，是坚不可摧的友情的象征。"桐花半落时，复道正相思""忽见紫桐花怅望，下邽明日是清明""胧月上山馆，紫桐垂好阴。可惜暗澹色，无人知此心"。这些诗句里，元稹和白居易都在借梧桐诉说着对友人的思念。

"元轻白俗"

要论对元稹、白居易二人诗歌风格的评价，必定绕不开苏轼在《祭柳子玉文》中写到的"元轻白俗"四个字。尽管简短，却是一针见血，十分精准地总结了二人诗风。

"轻"指轻佻，元稹的诗大多为描写情爱的艳体诗，极富浪漫主义，比如写给少时情人崔莺莺的《春晓》《赠双文》《莺莺诗》《晓将别》《白衣裳》，又如《李娃行》《赠柔之》《春词》等与歌伎们饮酒作乐时写下的赠伎、嘲伎之作。

"俗"指俚俗，白居易的诗无论从内容还是语言来说都比较通俗易懂，且贴近平民百姓的生活，具有强烈的现实性。比如《琵琶行》描写了底层歌女生活的不幸，又比如《观刈麦》描写了因赋税繁重，底层农民即使辛苦劳作却仍为贫穷所困的现实。唐宣宗李忱在《吊白居易》一诗中更是直言"童子解吟《长恨》曲，胡儿能唱《琵琶》篇"，足见白居易的诗歌影响之大，流传之广，也侧面反映了白诗的通俗易懂。

自古以来，历代书法爱好者都喜欢把千古诗词绝句作为自己书法创作的内容，尤其是唐诗、宋词备受青睐。这些诗句既优美，写出来也好看，书法大家自然会越写越美了。此幅作品作者郭诩既善书法，也善作画。卷轴中书写了白居易的《琵琶行》，下方还画有诗人与琵琶女二人，图文并茂，显得颇有趣味。

行草《琵琶行》明·郭诩

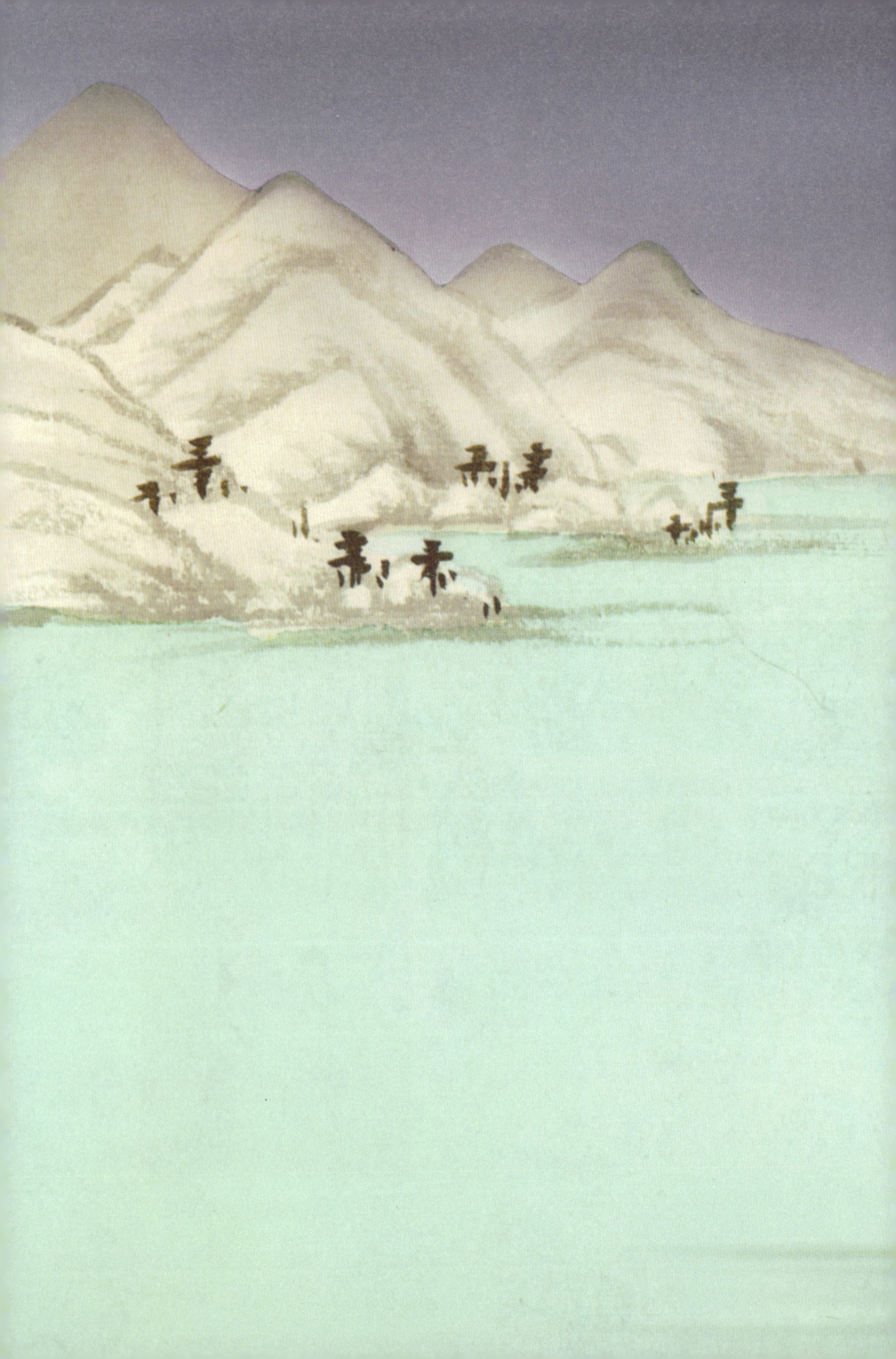

相异亦相知,
万里寄深情

嗟嗟子厚,而至然耶!

相异亦相知，万里寄深情

即便有着不同的兴趣和观点，也能够相互理解和尊重

805年9月，湘江之上。

韩愈正乘坐小船，往江陵方向漂流而去。江水湍急，哗哗地拍打着船只；秋风很凉，一阵阵地掀动着船篷两侧的帘子。韩愈背着手站在船头，凝望滚滚远去的湘江水，心中灌满悲凉。这些年来他的求仕之路十分坎坷，好不容易当上监察御史，才上任没多久就被贬出了长安，如今又被派往江陵。

"枉我一心为国为民，何以到如此地步呢？"韩愈回想过去种种，越想越委屈，越想越生气，"同官尽才俊，偏善柳与刘。或虑语言泄，传之落冤仇。二子不宜尔，将疑断还不？（我一向跟柳宗元和刘禹锡这两人最为要好，什么知心话都讲。难道是他们把我私下讲的一些话给传出去了，才使我落得如此下场？）"

韩愈盘算着被朋友出卖的可能，但突然又换了想法："他俩的为人我还是了解的，不会是他们。"这么一想，韩愈深深叹了口气，转而开始怀念起三人同在长安的时光……

803年，30岁的柳宗元被调回长安任监察御史里行。那时，韩愈和刘禹锡也在御史台任职。三人因此得以结识，成为好友。

刘禹锡后来在《祭韩吏部文》中回忆："子长在笔，予长在论。持矛举楯，卒不能困。时惟子厚，窜言其间。[你（韩愈）擅长写文章，我擅长议论。想当年，我们俩每次针锋相对，都是子厚（柳宗元字子厚）出来打圆场。]"可见三人最初的感情是非常深厚的。

只是韩愈在御史台没待多久，就因为上疏《论天旱人饥状》而遭人谗言，被贬去连州。而柳宗元和刘禹锡年轻气盛，与王叔文等人走得近，一心想要通过改革为国家做番大事业。王叔文又很得唐顺宗的信赖，因此，柳宗元、刘禹锡跟着他，可以说是顺风顺水，在官场上一路高歌。

不过世事难料，柳宗元和刘禹锡最终改革失败，都遭到了贬谪。韩愈反而在不久之后被召回朝，当上了国子博士。那以后三人分隔异地，但一直保持着书信往来。特别是韩愈和柳宗元两人常常作文论道，相互辩论，一起带动了古文运动。

古文运动是什么呢？在韩愈和柳宗元所处的时代，社会上流行一种始于汉朝的骈文，用这种文体写的文章辞藻华丽、音韵协调，很受人们吹捧。但是，大多数骈文往往空有形式而没有思想，缺乏实用性。这让热爱古文创作、立志文以明道的韩愈、柳宗元感到非常不满，他们想要对当时文坛所时兴的这一文体进行改革。

796年，韩愈出任宣武节度使观察推官，那时他还未和柳宗元相识，就开始指导李翱、张籍等一些青年写文，并趁机宣传自己"思修其辞以明其道"的文学主张。有一回，一个名叫李翱的人向韩愈请教写文章的技巧，韩愈便给他回了一封《答李翱书》，信中说道：

> 虽然，不可以不养也，行之乎仁义之途，游之乎诗书之源，无迷其途，无绝其源，终吾身而已矣。气，水也；言，浮物也。水大而物之浮者大小毕浮。气之与言犹是也，气盛则言之短长与声之高下者皆宜……处心有道，行己有方，用则施诸人，舍则传诸其徒，垂诸文而为后世法。

韩愈的意思是，语言不过是文章的表面，是为内容和思想服务的。作为一个写文章的人，要不断提升自己的修养，坚持自己的原则，借着写作把"道"诉诸社会，传于后世。

与韩愈一样，柳宗元也怀有"以辅时及物为道"的作文思想。在他被贬永州期间，曾有一个名叫韦中立的人想要拜他为师，但柳宗元不愿担老师的空名，便给他写信谈了谈自己对为人师和写作的看法：

> 始吾幼且少，为文章，以辞为工。及长，乃知文者以明道，是固不苟为炳炳烺烺，务采色，夸声音而以为能也……抑之欲其奥，扬之欲其明，疏之欲其通，廉之欲其节；激而发之欲其清，固而存之欲其重，此吾所以羽翼夫道也。

这段的意思是:"我小的时候写文章,总喜欢把文字写得漂亮。长大了才知道写文章是用来说明道理的,形式美观、辞藻华丽有啥用啊……我现在写文章讲究克制、疏导、精简,让语言不落俗流,使文章风格能够庄重。上面这些就是我以文载道的一些方法了。"

由此可见,韩愈和柳宗元对写文章有着相同的观念,他们都讲究文道合一、文以明道,反对文章空有外在形式而无思想深度。正是这种对待古文的一致主张,让韩愈、柳宗元在御史台一拍即合,结为好友,携手拉开了唐宋古文运动的序幕。

不过,很多人大概想不到韩、柳二人虽然相互交好,一起搞古文运动,可实际上他们是非常不一样,甚至可以说是对立的两个人。

首先,他们的信仰不同。

韩愈崇尚儒道,反对佛老(佛家和老庄思想的统称)思想。他认为唯有儒家倡导的仁义,孔子所强调的"君君、臣臣"才是治理国家的最优选择。因此,他一心想要发扬正统儒学。

韩愈有这样的思想,其实与当时唐朝的社会境况有很大关系。一方面,自唐中后期开始,幽州、魏博等藩镇的将领拥兵自重,不受中央政府控制,逐渐形成地方割据。另一方面,时值佛老思想横行,许多人都逃避现实生活,遁入空门,不纳税,不服役,破坏了社会的原有秩序。

韩愈曾在《原道》一文中明确提出自己的理想:

夫所谓先王之教者，何也？博爱之谓仁，行而宜之之谓义。由是而之焉之谓道。足乎己无待于外之谓德……其为道易明，而其为教易行也。是故以之为己，则顺而祥；以之为人，则爱而公；以之为心，则和而平；以之为天下国家，无所处而不当……不塞不流，不止不行。人其人，火其书，庐其居。明先王之道以道之，鳏寡孤独废疾者有养也。其亦庶乎其可也！

　　这段的意思是："我们要阻止佛老思想流传，让正统儒家思想深入人心！我们要烧毁所有寺庙、道观，让和尚、道士都做回平民，来承担社会责任！我们要真正实现儒家所倡导的'鳏、寡、孤、独、废疾者皆有所养'！"

　　柳宗元的信仰却与韩愈有所不同。他曾在送别一位僧人朋友时直言："吾自幼好佛，求其道，积三十年。"

　　柳宗元的母亲信佛，他从小也在佛学思想的影响下长大，因而一直对佛道颇有研究。他常常与志趣相投的佛僧往来，还写下了许多和佛教有关的碑铭、庙记、诗歌。韩愈有一回就诟病他"嗜浮屠言，与浮屠游"，老是跟一些不干正经事的僧人混在一起，有什么前途呢？但其实，柳宗元并非迷信佛学。他研究佛学，同时也推崇儒道，对佛学算是择善而从。

　　在写给僧友的一篇序言中，柳宗元为自己辩解："浮屠诚有不可斥者，往往与《易》《论语》合，诚乐之，其于性情奭(shi)然，不与孔子异道……吾之所取者与《易》《论语》合，虽圣人复生，不可得而斥也。(佛学中也有很多和《易经》《论语》相合的观点，我喜欢的就是这些可以跟儒道互融的部分，又不跟孔子的道相违背。今天就算孔子再生，也不会责怪我的。)"

其次，他们的政治立场不同。

805年，唐顺宗继位，重用王叔文等人。柳宗元因为和王叔文政见相同，与他亲近，也被提拔为礼部员外郎。他们这伙人渐渐发展壮大，形成了一个政治集团，还在唐顺宗的支持下开始推行革新（史称"永贞革新"）。

那时，柳宗元可谓永贞革新坚定的拥护者。他怀着"以兴尧舜孔子之道，利安元元为务"的伟大理想参与其中，渴望挽救国民于危难。然而，现实给了柳宗元当头一棒，永贞革新仅仅维持了一百多天就宣告失败，他也因此被贬到永州。不同于柳宗元，韩愈是永贞革新的坚决反对者。他在《永贞行》中直言王叔文等人是"小人乘时偷国柄"。

尽管柳宗元和韩愈一样渴望作为，有着救世济民的抱负，但在这个时期两人的政治立场显然是相互对立的。

再者，他们的人生价值观不同。

韩愈继承了儒家的天命论，把天当作有意志的存在，认为天会对人的功过进行赏罚。柳宗元被贬到永州后，韩愈曾给他写过一封论"天命"的信，其中就谈及了这一观点。柳宗元收到信后不以为然，随即写下一篇《天说》反对韩愈的观点。他认为天是没有物质的实体，世间万物客观存在，生死祸福也都是自己的事情，与天没有关系。

又有一次，韩愈和刘秀才论史官，他给刘秀才写信，信中列举了许多历史上惨遭祸患的史官。而后他说："夫为史者，不有人祸，则有天刑，岂可不畏惧而轻为之哉！唐有天下二百年矣，圣君贤相相踵，其余文武之士，立功名跨越前后者，不可胜数。岂一人卒卒能纪而传之邪？仆年志已就衰退，不可自敦率。（自古以来呀，凡是修史的人没有一个好下场的，史官这个工作怎么能轻率呢？唐朝两百年，前前后后这么多名人贤士，一个史官又怎么记录得下来？我现在年纪大了，做不了史官啦。）"

不久，韩愈写信给柳宗元提到了这件事，并附上给刘秀才的信。柳宗元读了，心里很不痛快，立即写下回信：

> 且退之（韩愈字退之）以为纪录者有刑祸，避不肯就，尤非也……当其时，虽不作《春秋》，孔子犹不遇而死也……退之之智而犹惧于此。今学如退之，辞如退之，好议论如退之，慷慨自谓正直行行焉如退之，犹所云若是，则唐之史述其卒无可托乎……今人当为而不为，又诱馆中他人及后生者，此大惑已！

"你说史官们因为记录历史而遭刑祸，所以不想当史官，真是大错特错……你看看孔子，不管他写不写《春秋》，最终都会因为理想破灭郁郁而终……你这么聪明一个人，为人正直，又会写文章，你都不愿做史官，那还有谁能来修唐史呢……你自己不愿意干，还怂恿别人不去干，怎么这么糊涂呀！"

一篇《与韩愈论史官书》，可谓把韩愈批驳得体无完肤。其实柳宗元了解韩愈，知道他并非真觉得史官难做，而是害怕出差错，丢了自己好不容易得来的官职。因此他在信中言辞凿凿，劝勉好友承担起应担的责任。

很明显，韩愈和柳宗元在为人处世的许多方面都不相同，包括信仰的差异、政治立场的对立、生活态度的迥异……但这些不同点却从来没有成为韩、柳二人相交的阻力。韩愈同柳宗元始终非常要好，他曾向韦珩推荐柳宗元，让韦珩跟自己这位好朋友请教写文章的事。柳宗元知道后就给韦珩写信，自己谦虚了一番，还把韩愈一顿猛夸："若退之之才，过仆数等……退之所敬者，子长、子云。子长于退之，固相上下……子云之遣言措意，颇短局滞涩，不若退之猖狂恣睢、肆意有所作！[哎呀，退之的才学比我高多了！他最喜欢司马迁（即子长）、杨雄（即子云）这些人，我看他跟司马迁不相上下，跟扬雄比他的文风还更加狂放恣意，更出彩呢！]"

815年，柳宗元被召回长安后不久又被贬往柳州。他在柳州解放奴隶，让许多贫苦百姓能够与家人重聚。巧的是韩愈后来前往袁州任刺史，也和柳宗元一样解放奴隶，将许多被迫为奴的人赎回，并且禁止"买人为奴"的陋俗。

819年，唐宪宗实行大赦，敕召柳宗元回京。可惜柳宗元没能重回长安，这一年11月他病死在了柳州。韩愈知道消息后，悲痛不已，为好友写下祭文：

> 嗟嗟子厚，而至然耶！自古莫不然，我又何嗟？人之生世，如梦一觉；其间利害，竟亦何校？当其梦时，有乐有悲；及其既觉，岂足追惟。
>
> ——《祭柳子厚文》

韩愈的整篇文章里全是悲痛和惋惜："唉，子厚，你竟然离去了！自古以来没有人不如此，我又悲叹什么呢？人活在世上好像一场梦，其中的好坏又计较什么呢？当人在梦中时，有欢喜有悲伤；等到人醒来以后，追思又能弥补什么呢？"

这之后不久，韩愈又为柳宗元写下一篇墓志铭，把柳宗元的生平娓娓道来：

> 子厚少精敏，无不通达。逮其父时，虽少年，已自成人……子厚前时少年，勇于为人，不自贵重顾籍，谓功业可立就……然子厚斥不久，穷不极，虽有出于人，其文学辞章，必不能自力，以致必传于后如今，无疑也……
>
> ——《柳子厚墓志铭》

823年，韩愈受柳州官吏之邀，第三次写下纪念柳宗元的文章，为他在柳州为百姓所做的一切歌功颂德。

> 柳侯为州，不鄙夷其民，动以礼法，三年，民各自矜奋……于是民业有经，公无负租，流逋四

归,乐生兴事……

——《柳州罗池庙碑》

斯人虽逝,幽思长存。只是不论回忆多么清晰难忘,韩愈也再回不去和柳宗元往来辩论、倾心交谈的日子了。

韩愈和柳宗元都是非常刚毅正直之人,他们虽然在信仰、人生价值观等方面有着不同的见解,却依旧能抱着容纳之心,冲破误会和对立,成为亲密无间的好友。他们之间没有阿谀奉承,没有斤斤计较,这种包容异己的胸怀气度是令人动容的,也让后世得以见证这一段别样的友情故事。

人物名片

柳宗元

柳宗元：字子厚，祖籍河东郡人，世称"柳河东""河东先生"。唐代文学家、散文家、思想家，唐宋八大家之一，有《柳河东先生集》。

柳宗元 21 岁就进士及第，可谓少年成名，前途本该一片光明。可惜永贞革新时他站错了队伍，因此遭受贬谪，余生都没能在京城做官。永贞革新失败后，柳宗元被贬到永州。他在永州待了 10 年，那 10 年里他游历永州山水，刻苦钻研哲学、经史，写下了著名的《永州八记》。

柳宗元的一生是曲折的，但正如韩愈后来所说，要是没有经历这么多患难，他未必能在文章上有如今的成就："虽使子厚得所愿，为将相于一时，以彼易此，孰得孰失，必有能辨之者。"

韩愈

韩愈：字退之，河南河阳人，世称"韩昌黎""昌黎先生"。唐代中期官员，文学家、思想家、教育家，唐宋八大家之一，有《韩昌黎集》传世。

韩愈从小是孤儿，由哥嫂抚养长大。20岁不到他就只身前往长安谋取功名，结果屡试屡败，后来还是受别人推荐才得以步入仕途。

韩愈的性格比较率直，容易招惹是非。他这一生有两次直接从中央被贬到地方，就是因为直言上谏得罪了人。一次是上疏《论天旱人饥状》，另一次是上疏《论佛骨表》使得唐宪宗大怒，幸好有旁人说情，韩愈才免予一死，被宪宗贬去潮州。

文学拓展

马说
唐·韩愈

世有伯乐，然后有千里马。千里马常有，而伯乐不常有。故虽有名马，祗辱于奴隶人之手，骈死于槽枥之间，不以千里称也。马之千里者，一食或尽粟一石。食马者不知其能千里而食也。是马也，虽有千里之能，食不饱，力不足，才美不外见，且欲与常马等不可得，安求其能千里也？

策之不以其道，食之不能尽其材，鸣之而不能通其意，执策而临之，曰："天下无马！"呜呼！其真无马邪？其真不知马也！

《马说》选自韩愈《杂说》第四篇，是一篇说理文。作者借千里马和伯乐的故事，批判了统治者不会选用、培养人才的现状，为当时社会上知识分子们的怀才不遇深感悲愤。作者全篇写马，实则意不在马。他借用食马者来讥讽统治者的愚昧专制，借用千里马为知识分子的不得志而申诉。这世上多的是有才能的人，可是能够赏识任用他们的人却寥寥无几，真是社会的一大不幸。

钴鉧（gǔ mǔ）潭记
唐·柳宗元

钴鉧潭，在西山西。其始盖冉水自南奔注，抵山石，屈折东流；其颠委势峻，荡击益暴，啮其涯，故旁广而中深，毕至石乃止；流沫成轮，然后徐行。其清而平者，且十亩余。有树环焉，有泉悬焉。

其上有居者，以予之亟游也，一旦款门来告曰："不胜官租、私券之委积，既芟（shān）山而更居，愿以潭上田贸财以缓祸。"

予乐而如其言。则崇其台，延其槛，行其泉，于高者而坠之潭，有声潀（cōng）然。尤与中秋观月为宜，于以见天之高，气之迥。孰使予乐居夷而忘故土者，非兹潭也欤？

《钴𬭁潭记》是柳宗元的一篇散文，出自《永州八记》。

从表面看，这篇文章表达了两部分情感：一是作者对钴𬭁潭的赞美和喜爱；二是作者因寄情山水，得以排遣忧愤的满足。可是，作者真的得到他想要的快乐了吗？

唐德宗建中元年（780年），为了解决朝廷的财政困境，朝廷开始推行"两税法"。但两税法的实施进一步加重了贫苦百姓的负担，许多人为了躲避赋税，逃亡他乡。知道了这个背景，我们再来看《钴𬭁潭记》。那时，柳宗元因为参与永贞革新被贬永州，他本想通过改革为国家和百姓做点儿善事，但事情没做成，反倒把自己的仕途搭了进去。因此，在永州的日子里柳宗元一度寄情山水，游历了不少地方，其中就包括钴𬭁潭。他渴望远离世俗，在深山幽谷间调养心性。然而事实是，在这般静谧美好的地方，他也不得不见证百姓们的痛苦，直面生灵涂炭的现实。在哪儿都逃不开现实悲剧，他又怎么可能真正安心呢？

作者赞叹钴𬭁潭美，称自己"乐居夷而忘故土"。但实际上，这篇短小的游记却透露出他对社会现状的隐隐担忧，他始终是那个心系天下的柳宗元呀！

知识拓展

唐宋古文运动

唐宋古文运动是指唐中期及宋朝时以提倡古文、反对骈文为特点的文体改革运动，由韩愈、柳宗元等人率先发起，提倡先秦时期散文，反对过分强调辞藻、音韵等外在形式骈文。

先秦时期的文章大多比较灵活，形式自由，内容通俗易懂，非常具有现实意义。相比之下，骈文则更讲究文辞，虽然其中不乏佳作，但大都华而不实。自汉朝后，六朝时期更加推崇骈文，以致先秦诸子的散文（韩愈称之为"古文"）渐渐没落。这对文学的发展是极为不利的。因此，在骈文兴盛时期，不少文学大家都曾提出过要进行文体改革，韩愈、王安石、苏轼、欧阳修等人就是古文运动的一众代表。

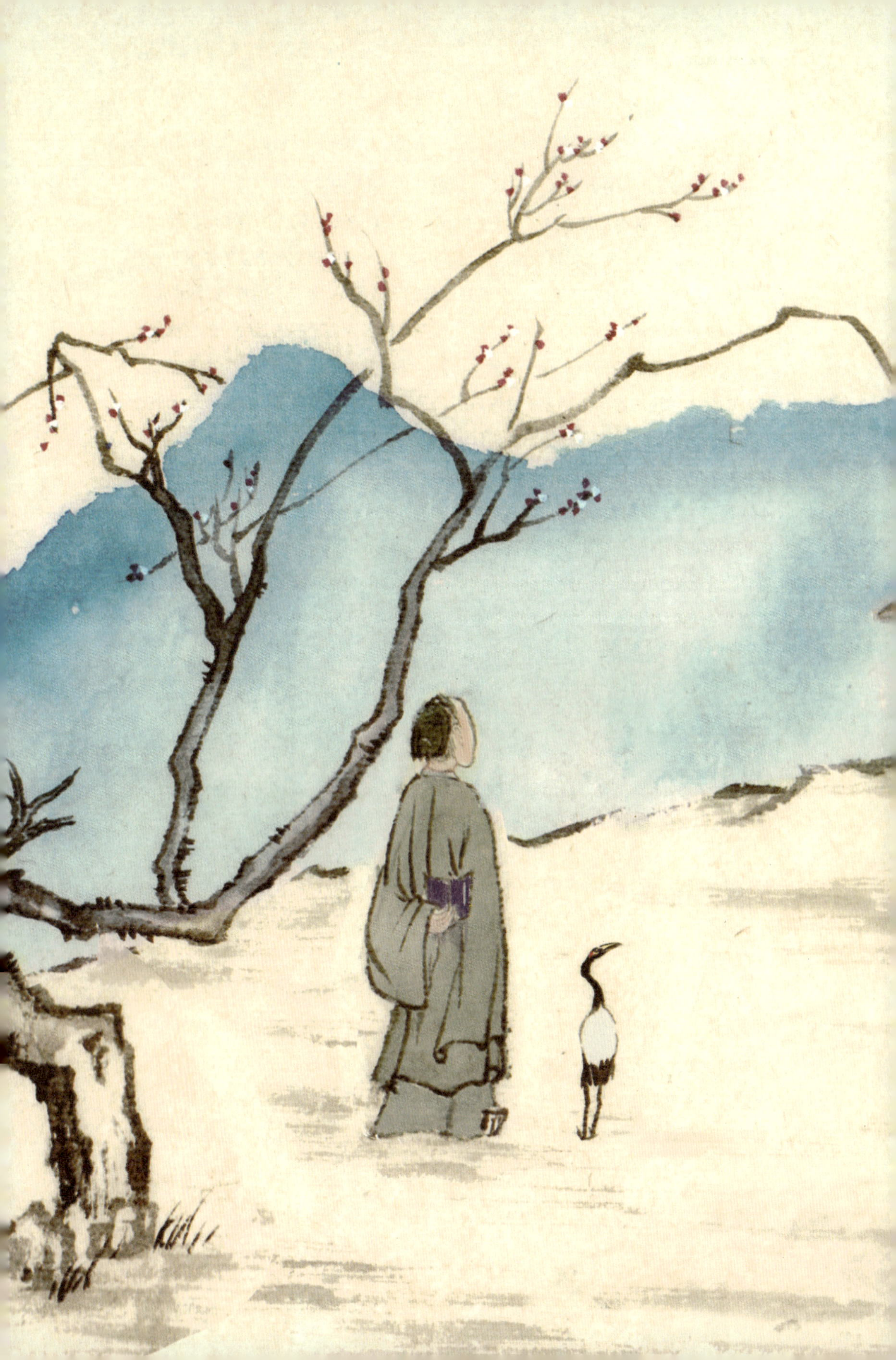

发与疏梅白,
身将寡鹤亲

以梅为妻,以鹤为子。

发与疏梅白，身将寡鹤亲

谁说朋友只能是人呢

1012年，杭州孤山幽居着一位遗世独立的隐者。他虽隐世而居，却美名远播。一日，几辆马车嗒嗒作响，从西湖的岸边缓缓驶来，打破了孤山的宁静。马车停在一间陋室前，一位官吏叩开院门，很快小小的院子里堆起了从马车上卸下的粟帛。

原来，北宋皇帝宋真宗爱好文学和书法，他听闻孤山隐者是个能诗善书的俊才，便不远千里派人送来粮食和布帛，还嘱咐当地的官员，要对这位隐士多加关照、常常慰问。这一行人便是奉皇上之命，前来给隐者送物资的。

事情一下子传开了，有亲友来拜访隐者，劝他道："皇帝都这么赏识你啦，何苦浪费自己的才华呢？"

隐者听了，一笑了之："然吾志之所适，非室家也，非功名富贵也，只觉青山绿水与我情相宜。（我的人生志向不在于成家立业、功名富贵，不过是想和青山绿水相伴罢了，就别为难我啦。）"

这位隐者，就是北宋著名的隐逸诗人，被后人尊称为"和靖先生"的林逋(bū)。

林逋于967年出生于杭州钱塘的一户贫苦人家，在他还很小的时候，父母便双双去世。虽然家境贫寒、孤苦无依，但林逋自幼非常好学，他不仅通读了经史百家，能够吟诗作文，还很擅长绘画和书法。苏轼就曾称赞他："诗如东野不言寒，书似西台差少肉。"说他写的诗歌像孟郊，但不会给人寒苦的感觉；他的书法似李建中，笔力瘦硬且刚劲。

尽管学识渊博，但林逋却没有做官的意愿。他性子淡泊，不喜名利，日子过得贫穷，却能够自甘其乐。于是40多岁时，林逋干脆跑到杭州孤山隐居起来，避开人群，给自己建了一间陋室。他在院子里种上了梅花，还养了几只仙鹤，常常独自乘船泛游西湖，有时也同认识的僧友相往来。在那里，他一住就是20多年，再没进过城。

林逋擅长诗文，但他却从不把诗留下，即便写在了纸上，写完后也会丢掉。

有人问他："你为什么不把这些诗记录下来，留传给后人呢？"

林逋答："我方晦迹林壑，且不欲以诗名一时，况后世乎？（我如今隐居在山林之中，本来就不想凭借诗歌出名，怎么还会想要扬名后世呢？）"

旁人无言以对，只好偷偷记录下一些林逋的诗，这便有了我们今天读到的《林和靖先生诗集》。

林逋留下来的诗中，最为出名的一首是《山园小梅·其一》。其中，"疏影横斜水清浅，暗香浮动月黄昏"这两句流传千古，他对梅花的喜爱也都浓缩在这诗句中了。

在孤山的小院里，林逋栽了一棵梅树，每到寒冬时节，梅花点点绽放，香气浮动。林逋每天会花很多时间站在梅树前看花。梅花高雅自洁，同他孤高自好的性格十分相合。"不辞日日旁边立，长愿年年末上看"，就是说他每天站在那儿，年复一年地去看这梅花，他也心甘情愿得很。

林逋很爱写梅花，写过很多相关的诗句："雪竹低寒翠，风梅落晚香""人怜红艳多应俗，天与清香似有私""几回山脚又江头，绕着孤芳看不休""一味清新无我爱，十分孤静与伊愁"……

但不要以为梅花已经把林逋的心占满了。除梅花以外，他还有另一样格外珍爱的事物——鹤。

林逋在孤山养了两只白鹤，他待这两只白鹤很是疼惜，白鹤也十分亲近他。他会将白鹤放飞到天空，自己坐在梅树边，静静看着它们翱翔。白鹤飞累了，饿了，就会乖乖回来。人说，世间万物皆有灵性，林逋养的这两只鹤也不例外。它们跟林逋在一起的日子久了，就熟悉了林逋身上的气息，总能在他外出时轻易找到他，做他的报信员。

有一次，林逋正乘船在西湖游玩，家中突然来了两位客人。侍童将客人邀请进屋，说："两位稍事休息，我让白鹤去叫林先生回来。"

客人闻言，对视一眼，心中不免诧异。只见侍童轻声嘱咐了两只白鹤一番，那白鹤便一前一后展翅飞去，很快不见了踪影。西湖中央，林逋坐在船上，远远就看见朝自己飞来的白鹤。

它们"喔喔"叫着，在小船上空盘旋往复。林逋心知，家里是来了客人，随即嘱咐船夫返回。

侍童与两位客人早已等在岸边，看见两只白鹤跟着林逋一起回来，他们惊奇不已："真是神了！你从哪儿得到的这两只仙鹤？"

林逋大笑："普通的白鹤而已，不过日久生情罢了。"

这件奇事很快传到林逋其他朋友的耳朵里，每每谈论起这事，朋友们就笑林逋："他怕是打算跟那梅花和白鹤过一辈子。"林逋听说了，也不否认，自谓："我就是把梅花当作妻子，把白鹤当作儿子了，这又有何不可呢？"

从那以后，人们便开始称林逋"梅妻鹤子"。那梅与鹤，果然也陪伴林逋度过了余生。

可见，朋友之间喜爱、交心、信任的感情，对象不仅能是人，也能是物。因为梅花、仙鹤在崇尚风骨与孤傲的古人眼中，也具备了真善美的品格，如同挚友一般难能可贵。中国传统文化中，将松、竹、梅称为"岁寒三友"；将梅、兰、竹、菊称为"四君子"，正是来源于这种以情寄景、以情寄物的情怀。

一朵梅花，当林逋对它投注了情感，它就不再是朵普通的梅花；一只仙鹤，当林逋像友人一般呼唤它，它也就不再是只普通的仙鹤。

明朝陈献章曾写下一首《题和靖梅》，算是为林逋的一生做了一个简短总结："发与疏梅白，身将寡鹤亲。孤山残雪后，清绝凭栏人。"

宋

人物名片

林逋

林逋：字君复，北宋著名的隐逸诗人。因宋仁宗赐谥"和靖"，被后人称为和靖先生、林和靖。

后人说起"梅妻鹤子"，总会想起林逋终身不仕不娶，唯喜爱植梅养鹤的故事，认为他不入俗流，很是清高。林逋喜爱梅花、白鹤不假，始终淡泊名利、未入仕途也是真，但他一生未娶无子的说法，却是值得商榷的。

先说娶妻这方面。南宋灭亡以后，曾有盗贼偷窃林逋之墓，他们原以为名士的坟墓会有许多金银财宝，却只在里面找到了一方端砚和一支玉簪。这证实了林逋的清贫，而玉簪这种女士用品，也暗示了他的感情。

林逋流传下来的诗词中有一首《长相思》："吴山青，越山青，两岸青山相对迎，争忍有离情。君泪盈，妾泪盈，罗带同心结未成，江头潮已平。"这首词以一位女子的口吻，倾诉了自己与恋人相爱却不能在一起的悲伤。作者寄情于景，情真意切，字字句句直戳人心。若说这首词出自一个毫无情感经历的人之手，实在很难让人信服。

再说生子这方面。清代施鸿保的《闽杂记》中记载了一件事，说林则徐主持修缮孤山的林和靖墓、放鹤亭等古迹时，曾发现过一块碑，上面明确记载了林逋是有后裔。如果林逋一生未娶，那他的后代是怎么来的呢？《宋史》和《奉化县志》中都有记载："逋不娶，无子，教兄子宥，登进士甲科。"古人一向重视繁衍，假如林逋真的未曾娶妻生子，他的后代极有可能是过继兄子而得的。

不管怎么说，先人已逝，许多事情已然无法考证，但不论林逋是否娶妻生子，他与梅花结缘、同白鹤共情的故事，依然是一段令人赞赏的佳话美谈。

文学拓展

前文我们说到，林逋不仅善作诗歌，还很擅长绘画和书法。不过他的画从不外传，书法作品倒是保留下来几件，其中《自书诗帖》（全名《自书松扇五诗卷》）篇幅最长。

林逋的书法笔意类欧阳询、李建中，清瘦刚劲。黄庭坚对他的书法水平有很高评价："君复书法高胜绝人，予每见之，方病不药而愈，方饥不食而饱。"

《自书诗帖》

林逋现存词作三首,诗作三百余首,后人将这些诗词编辑成了《林和靖先生诗集》四卷。前文我们提到他最著名的那首诗,全诗如下:

山园小梅·其一

宋·林逋

众芳摇落独暄妍,占尽风情向小园。

疏影横斜水清浅,暗香浮动月黄昏。

霜禽欲下先偷眼,粉蝶如知合断魂。

幸有微吟可相狎,不须檀板共金樽。

首联,作者描写了梅花的生活环境:其他各种各样的花都已凋落,唯有梅花风情万种,在园子里傲然生辉。"独"字和"尽"字,既写出梅花迎寒而立的坚韧,也传递出作者对梅花的喜爱和赞美。

颔联是最为人们所称道的一句。"疏影横斜""暗香浮动",勾勒出梅花倒映在水面的姣妍和它不同于其他花朵的幽香。一幅晚间月下梅香芬芳,梅树影儿随波荡漾的风景图跃然眼前,令人沉醉。司马光评价这句诗,夸它"曲尽梅之体态"。宋代汪莘也直言不讳地夸奖林逋梅花写得好:"到和靖先生诗出,古人俱拙。"可见这句诗的魅力。但其实,这句诗早在南唐就有人写过,当时有个叫江为的人写道:"竹影横斜水清浅,桂香浮动月黄昏。"读着虽美,却太过普通。林逋借用这句诗,并改动了其中两字,就使梅花的形象活灵活现起来,还增添了一份恬淡清闲的意境,可见他文学功底之深厚。

五六两句运用拟人、夸张的手法,说鸟儿落向梅树之前就迫不及待要先偷看几眼梅花,而粉蝶呢,它要是能够知晓梅花的美,恐怕连魂都要没了!作者借"霜禽""粉蝶"再次表达出自己对梅花的喜爱之情。

最后的尾联,作者终于把自己放进诗中:幸好我可以吟诗与这梅花亲近,不需要拍板唱歌,也不需要饮酒助兴。此句传递出作者不屑世俗享乐,甘愿与清雅高洁之梅花融为一体的精神追求。

全诗写实也写虚,有直接抒情,也有间接表意,既夸赞了梅花,也暗示了作者自己的理想与情操,可谓托物言志的佳作。

知识拓展

"梅、兰、竹、菊"四君子

梅花,在"梅妻鹤子"的故事里是一大主角,代表着高洁、傲然,颇有一种孤芳自赏的气质。古往今来的许多诗人、画家都喜欢把梅花放到自己笔下,他们既是赞叹梅花的凛然傲骨,也是寄寓自己不与世俗同流合污的志向。

王安石有"墙角数枝梅,凌寒独自开",陆游有"无意苦争春,一任群芳妒"。梅花迎着寒风绽放,不与群芳斗艳的品质,着实叫人赞叹。

除了梅花以外,中国的文学艺术家们往往还喜欢以与"梅"并称为四君子的"兰、竹、菊"为题材,进行创作。"芝兰生于幽谷,不以无人而不芳""咬定青山不放松,立根原在破岩中""不是花中偏爱菊,此花开尽更无花"……梅、兰、竹、菊的傲、幽、坚、淡,体现的正是中国人骨子里对高贵人格的追求与向往。

如果说梅花是高洁志士,不屈不挠,兰花就是贤达之人,淡然幽放;竹子是谦谦君子,正而不屈;菊花则是世外隐者,不畏寂寞。在中国文化里,"梅、兰、竹、菊"的价值因被赋予人性之美得以升华,它们不再单单是植物,更是国人的精神寄托。

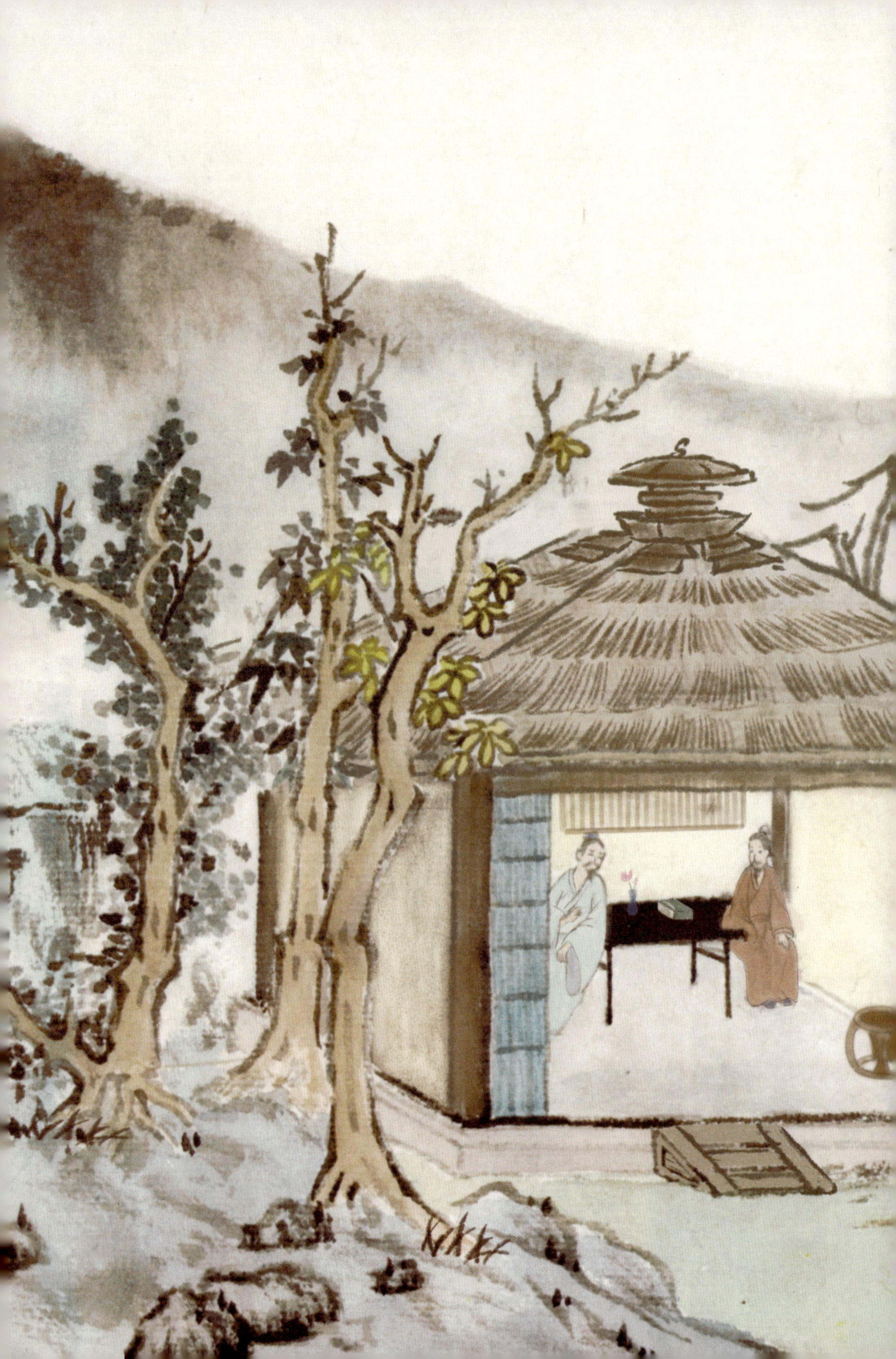

劝我试求三亩宅,
从公已觉十年迟

骑驴渺渺入荒陂,
想见先生未病时。
劝我试求三亩宅,
从公已觉十年迟。

劝我试求三亩宅,从公已觉十年迟

君子之交,可以放下旧怨,惺惺相惜

北宋元丰七年(1084年),江宁府钟山脚下。

辞官隐居的王安石正骑在一头毛驴上,于竹林间闲庭信步,安然享受清寂的晚年。小毛驴嗒嗒地走着,一首轻松的小诗就从驴背上产生了:

> 竹里编茅倚石根,
> 竹茎疏处见前村。
> 闲眠尽日无人到,
> 自有春风为扫门。

一名仆役促步赶来,递上一封谒帖,他还没开口王安石就说话了:"辞官之时便已说过,任何人都不见。"

仆役一时不知该如何是好,只好喃喃自语:"我该如何向子瞻先生答复呢?"

"你说的可是苏子瞻?"

"正是。"

"哎呀，稀客！他竟会主动来找我？"年迈的王安石顿时精神起来，"快快快，替我牵驴，我要去见故人！"

他们说的苏子瞻就是著名的苏轼。

王安石与苏轼在当时都是才华出众之辈，然而政治上的立场不同，导致两人的关系并不亲近，甚至旁人总以为这两人是处处针锋相对的死敌。

1067年，宋神宗即位后，开始采纳王安石的变法举措，推行新法。可苏轼对王安石变法中的多项变革颇有意见，尤其无法认同王安石"由诗赋取士改为以经义论策取士"的科举变革。

苏轼在《议学校贡举状》一文提出自己的看法，认为"自文章而言之，则策论为有用，诗赋为无益，自政事言之，则诗赋、策论均为无用矣"。这段话大意是，不论以策论取士还是以诗赋取士，都不能反映一个官员真正的执政水平，你王安石的变法并没有解决科举制度的弊端，不过是在隔靴搔痒，多此一举。

宋神宗对苏轼也极为看重，看到他写的这篇文章，特意召见他，问："当今政策法令的得失在哪里？即使是我的过失，也可以指出来。"

苏轼毫不客气地回答："陛下生知之性，天纵文武，不患不明，不患不勤，不患不断，但患求治太急，听言太广，进人太锐。愿镇以安静，待物之来，然后应之。"苏轼的言下之意是宋神宗哪里都好，就是太过于听王安石等人的话，任命官员太迅速了，暗里表达对王安石的不满。

宋神宗听了大为震惊，说："你的这三句话我会好好考虑的。"不过宋神宗也就是客套一下，说过就忘了，转头继续支持王安石推行新法。

然而，苏轼把皇帝接见之事传得朝堂上下人尽皆知，这让王安石颇为不爽。于是，王安石主动推荐苏轼去做管理杂事的开封府推官，他希望苏轼当了推官，整日被琐事缠身，就不再有精力去抨击他的变法主张。

可消停了几个月，苏轼又接连写了《上皇帝书》《再上皇帝书》，继续向宋神宗指出新法的弊端。他的语气愈发激烈，甚至将王安石的新法比作"毒药"，认为"今日之政，小用则小败，大用则大败，若力行不已，则乱亡随之"。到了后来，苏轼甚至直接骂王安石为窃贼："民者国之本，而刑者民之贼。"

不过，苏轼的这些言论并未影响宋神宗对变法的推行。

熙宁三年（1070年），王安石变法派的主要骨干吕惠卿作为科举主考官，准备提名支持新法的叶祖洽为状元，苏轼作为考官之一，则提名了上官均。

苏轼的理由是："祖洽诋祖宗以媚时君，而魁多士，何以正风化！"但他彼时官微言轻，改变不了任何结果，叶祖洽仍旧被宋神宗点为状元。由此可见，苏轼虽极力反对王安石领导的变法派，却完全不是王安石的对手。

后来，苏轼在另外一次科举考试中出了一道题目："晋武平吴以独断而克,苻坚伐晋以独断而亡;齐桓专任管仲而霸,燕哙专任子之而败,事同而功异,何也?"这道考题借古讽今,明里暗里都在影射宋神宗不听他的意见,纵容王安石独断专行。

王安石终于忍受不了苏轼,在宋神宗面前进言:"轼才亦高,但所学不正,今又以不得逞之故,其言遂跌荡至此,请黜之。"苏轼随后被贬去了杭州,与王安石的恩怨算告一段落。

王安石虽两度为相,他的变法却出于种种原因以失败告终。已近迟暮之年的王安石索性辞官隐居,不再忧心天下大事,整日寄情于山水之间。

赋闲几年,王安石再次听到苏轼的消息,便是苏轼以作诗诽谤新法的罪名被逮捕入狱,差点儿判了死罪。王安石虽早已不理朝政,可他仍旧给宋神宗写了封书信,替苏轼说情:"安有圣世而杀才士乎?"

在王安石与其他朝中大臣的求情之下,苏轼得以从轻发落,免除一死,被贬至黄州担任团练副使。

一日,王安石接待一位来自黄州的客人,主动询问苏轼近来有没有写出什么好文章,那位客人便拿出了苏轼所写的《宝相藏记》。王安石迫不及待读完全文,甚为惊喜,赞叹道:"子瞻,人中龙也,然有一字未稳。"接着王安石当场提笔,给苏轼的文章改动了一个字,将其中"如人善博,日胜日负"改为"如人善博,日胜日贫"。

苏轼后来听说此事,觉得王安石这个字改得太好,感叹说："介甫公真是我的知己。"

元丰七年（1084年），苏轼东山再起，离开黄州赴汝州上任。他特意绕路去了一趟江宁，专程拜访隐居于此的王安石。

长江岸边，一老者骑着毛驴走在黄昏的夕阳下，模样渐渐清晰起来，那个场景令苏轼久久难以忘怀。王安石早已没了为官时的意气风发，此刻粗布短衣，白发苍苍，与寻常的山野老者别无二致。苏轼有些恍惚：这还是当年自己数次破口大骂，依然无法撼动他在宋神宗跟前地位的王安石吗？

他们相对而坐，有了说不完的话。他们曾经因为政见不同而无法痛快交心，此刻却只谈文学，不论政事，相处得十分愉快。他们都发现，原来抛开政治外衣后，眼前这个人与自己如此相似、相契，只恨相知太晚。

苏轼不知不觉在江宁逗留了将近一个月，他将自己前些时日写的文章拿出来与王安石分享。王安石不吝赞叹，对苏轼大夸特夸，全然忘了几年前还被苏轼气得牙痒痒，直到苏轼要离开了还十分不舍。

王安石劝苏轼："既然你也喜欢这里，不妨在旁边买一块地住下来，当我的邻居。"

苏轼回复说："这话说得太迟了，要是十几年前说这话，恐怕我们此刻已经是邻居了。"

是呀，如果两人没有政见上的不同，或许早已成为至交好友了。

苏轼后来将这段经历写成一首诗，《次荆公韵》：

> 骑驴渺渺入荒陂,
> 想见先生未病时。
> 劝我试求三亩宅,
> 从公已觉十年迟。

  王安石与苏轼同为忧心苍生之人,却因政见主张的不同,成了针锋相对的敌人。这两人半生恩怨,官场沉浮,在历史的洪流中,这样的人和事并不少见。然而他们都没有一味地计较过往,依旧欣赏对方身上的闪光之处,年华迟暮时,更是欣然和解。他们两个人都有宽阔大度的胸襟和高洁磊落的品格,正是这样的品格成就了两人深厚的情谊,为后人留下一段"相争相惜"的友情佳话。

人物名片

苏轼

　　苏轼：字子瞻，又字和仲，号铁冠道人、东坡居士，世称苏东坡、苏仙、坡仙等。

　　苏轼被誉为北宋第一"段子手"，有过许多调侃诗句和幽默事迹。好友陈季常怕老婆，他得知此事后调侃道："忽闻河东狮子吼，拄杖落手心茫然。"

　　苏轼同时也是一位美食评论家，"长江绕郭知鱼美，好竹连山觉笋香""日啖荔枝三百颗，不辞长作岭南人""蒌蒿满地芦芽短，正是河豚欲上时"……这些关于食物的描写堪称巅峰佳句，读着便让人垂涎三尺。

王安石

王安石：字介甫，号半山，别名王荆公、王文公、临川先生，抚州临川（今江西省抚州市）人。

王安石虽然官居高位，却不注重物质的享受，衣服经常脏兮兮的。和他同朝为官的文人们都曾谈及此点，甚至更为夸张。宋代笔记小说《遁斋闲览》以及《雪涛谐史》等书中都提到了王安石招虱子这件趣事：

荆公、禹玉，熙宁中同在相府。一日，同侍朝，忽有自荆公襦领而上，直缘其须，上顾之而笑，公不自知也。

朝退，禹玉指以告公，公命从者去之。禹玉曰："未可轻去，辄献一言，以颂虱之功。"公曰："如何？"禹玉笑而应曰："屡游相须，曾经御览。"荆公亦为之解颐。

文学拓展

唐诗重情，宋诗说理。苏轼与王安石这一对官场上的欢喜冤家，分别写出了宋诗的两座"高峰"，下面我们一起欣赏王安石的《登飞来峰》与苏轼的《题西林壁》。

登飞来峰

宋·王安石

飞来山上千寻塔，闻说鸡鸣见日升。

不畏浮云遮望眼，自缘身在最高层。

这首诗写于王安石在浙江鄞县任期结束后回江西故里，途经杭州飞来峰时所作。此时诗人正值壮年，意气风发，风华正茂，有着远大的理想和抱负。

前两句点出飞来峰上的塔很高，侧面说明站在山上看日出的自己也身在高处。日升为希望，而作者此时初涉官场，像极了初升的太阳，对仕途充满着想象。

后两句因果倒置的写法，总结了前两句描述的现象，拔高诗歌的意境。"为什么飘荡的白云遮不住视线呢？原来是我在山的最高处呀。"这两句诗与王之涣的"欲穷千里目，更上一层楼"有着异曲同工之妙。

整首诗没用太多笔墨去写飞来峰的景，通篇只用飞来峰的高来表现作者的思考：要想不被眼前的浮云遮蔽双眼，那就要站得足够高，才能望得足够远。

题西林壁

宋·苏轼

横看成岭侧成峰，远近高低各不同。

不识庐山真面目，只缘身在此山中。

苏轼写此诗是在乌台诗案后先被贬黄州任职，后改为汝州，赴任途中遇友人，一同游庐山时所作。

诗的前两句从客观说理的角度描写了庐山，写出了庐山地形的奇妙与复杂。后两句诗既是在谈游山的感受，又是在说一个道理："为什么会看不清庐山的真面目呢？因为我被困在了这座山之中，视野有限，只看到了庐山很小的一部分罢了。"

王安石的诗表达出只有抵达高处，才能见到广阔天地的哲思，契合他年轻时的心境：不要被眼前的小利与诱惑蒙蔽双眼，一定要为远大的目标努力。然而，当他终有一天站在庙堂的高处时，他还是被浮云遮蔽了双眼，没有听从他人的劝诫，最终落得变法失败、孤独晚年的悲凉。

而苏轼这首诗则是在经历风浪后的醒悟：看问题需要全面，不能被眼前所见迷惑。苏轼的感悟自是比年轻时的王安石更胜一筹，也正是有了这份心境，苏轼才能直到晚年依然保持着豪爽洒脱的从容。

知识拓展

王安石变法

王安石变法，即熙丰变法，是北宋宋神宗时期一场规模巨大的政治变革运动。王安石变法以"理财""整军"为中心，主要有"青苗法""募役法""均输法"等政策，其目的是增加财政收入，富国强兵。但此次变法在具体实施中，由于执行不当，反而增加了民众负担，带来一些负面效果。宋神宗死后，王安石失去了变法最大的支持者，朝廷起用保守派领袖司马光为相，新法除"置将法"外，全部被废，以失败告终。

苏轼在宋神宗变法期间，因与改革派的新党意见不合，遭打压被贬出京。司马光拜相后，新党受到打压，苏轼转而被升迁。但他对旧党的执政方针也有所不满，又遭诬告陷害。苏轼因不容于新、旧两党，所以一生仕途坎坷。但也正因如此，他才能在辗转调任的路途中，为中华文化留下众多精彩的诗词。

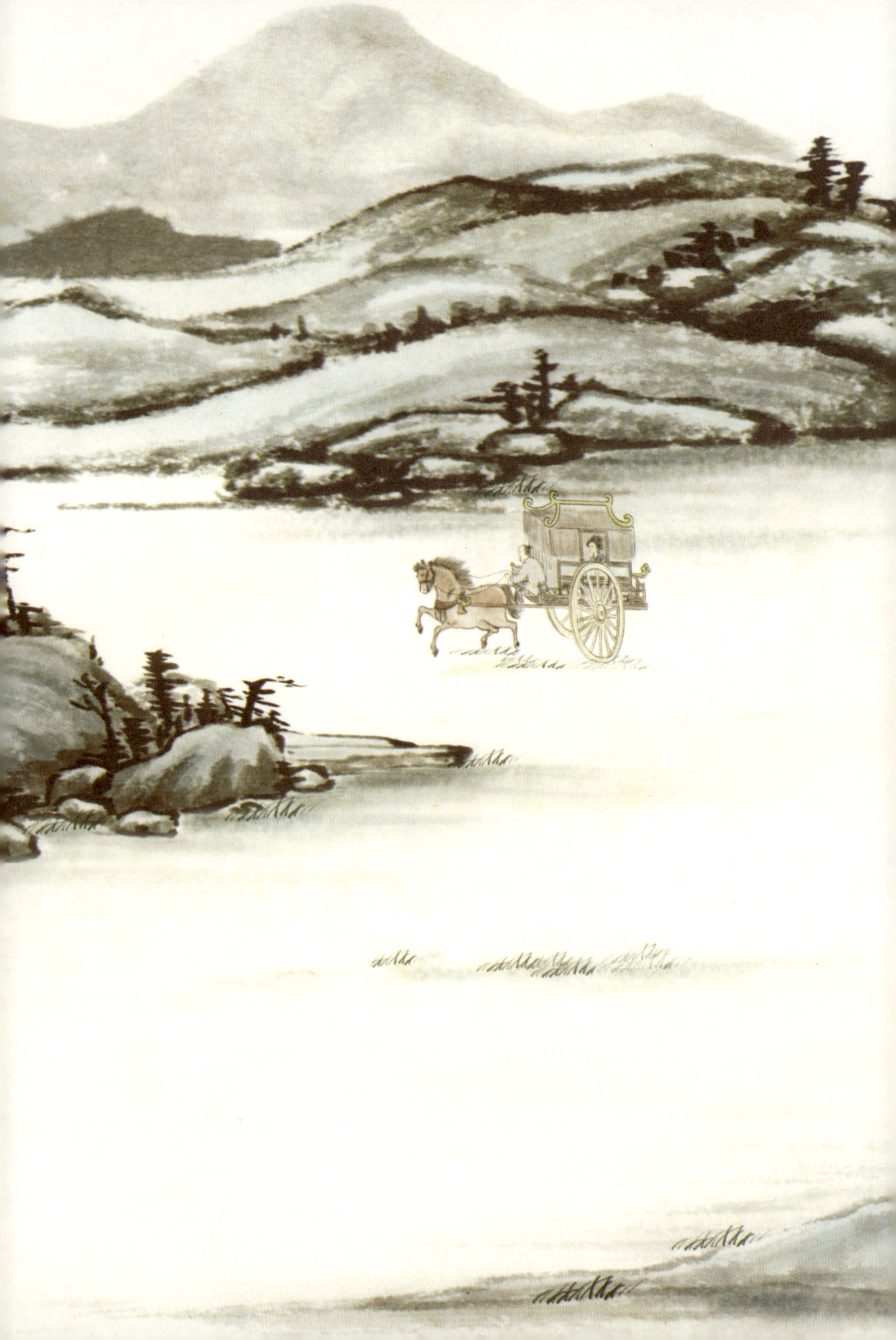

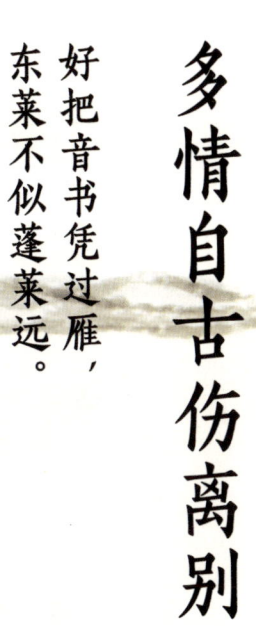

多情自古伤离别

好把音书凭过雁,
东莱不似蓬莱远。

多情自古伤离别

要分别，就温柔道别就好

1121年秋，青州某一长亭。

李清照同几位姊妹围着矮桌坐成一圈，把酒话别。在青州住了10余年，如今她要离开这里前往莱州，同自己的丈夫相会。

十几年姐妹深情，今朝一别，也不知道将来还有没有机会再聚。一思及此，李清照就颇为惆怅。

"此番你孤身上路，山高水远的，定要小心一些。"

"一场秋雨一场凉，衣服可得带够……"

姐妹们的叮嘱让李清照低下头，盯着面前的酒杯。泪水氤氲眼眶，她竟看不清杯中的酒是深还是浅，仿佛为了掩饰悲痛，李清照拿起面前的酒杯一饮而下。这时，不知是谁唱起了《阳关曲》，大家听了也跟着唱起来，一遍又一遍。

秋风乍起，树叶簌簌作响，太阳这会儿偏偏躲进云层，只给长亭留下一片阴影。李清照用衣袖揩了揩脸，袖子沾上了被泪水洇湿的脂粉。大家见了不由得破涕为笑，也学着她的样子拿衣袖擦脸，故意把脂粉擦到袖子上。

几个人一边笑一边哭，一边喝酒一边唱歌。不一会儿云朵飘远，金灿灿的阳光又洒在地上，明亮而温暖。李清照登上马车，与姐妹们挥别。

长亭渐行渐远。

1107年，因为朝廷内部新旧党争，李清照和丈夫赵明诚不得不屏居青州，这一住就是13年。1121年，赵明诚先往莱州做官，李清照于8月动身前往，这便有了前文"长亭作别"一幕。

这日，离开姐妹，前往莱州路上的李清照独自一人倚坐在驿馆窗边，看着窗外潇潇秋雨，情绪低落。细雨如烟似雾，将远方的连绵山峦笼罩在一层白纱之下，令人看不真切。近处枝头的橙红黄绿却像是经历了一场洗礼，显得愈发分明起来。

"沙沙沙"，来自四面八方的雨声传到李清照的耳朵里。望着，听着，李清照不觉轻声叹了口气。同姐妹们分别的场景还历历在目，恍如昨日，但此刻的驿馆客房内，分明只有她孤身一人。李清照收回思绪，起身来到木桌旁。

她在木桌上摆好纸墨，提笔将自己的所思所想写成一首《蝶恋花·晚止昌乐馆寄姊妹》：

泪湿罗衣脂粉满，四叠阳关，唱到千千遍。

人道山长山又断，萧萧微雨闻孤馆。

惜别伤离方寸乱，忘了临行，酒盏深和浅。

好把音书凭过雁，东莱不似蓬莱远。

"想那日与几个姐妹惜别,大家一起坐在长亭下饮酒尽兴,一遍遍唱着《阳关曲》,唱得涕泪横流,花了妆容,湿了衣衫。而今,自己当真和她们山水相隔,再见之日遥遥无期,多么叫人伤感!好在莱州距青州不算太远,你们会给我写信的吧?一定要记得托大雁捎过来呀!"

窗外天色已暗,雨声依旧淅淅沥沥,驿馆各处渐次点起蜡烛,烛影幢幢,照着她的清冷。

自古以来,别离总是最令人感怀。

古代交通不发达,人们与亲友一别或许就是永别。他们因此重视离别,设宴、饮酒、作诗、唱歌……一定要把心底最浓重的情感吐露出来。

白居易说:"南浦凄凄别,西风袅袅秋。"

杜甫说:"远送从此别,青山空复情。"

一场离别,道尽的不仅是几千年来人与人之间的款款深情,也是中华民族刻在骨子里的至深浪漫。

人物名片

李清照

李清照：号易安居士，宋代女词人，婉约派代表。

李清照出生于士大夫家庭，从小接受了良好的文学艺术熏陶，年纪轻轻就已在当时的词坛上崭露头角。沈谦在《填词杂说》中夸赞李清照："男中李后主，女中李易安，极是当行本色。"

李清照人生的大部分时光都过得非常波折。她18岁时嫁给赵明诚，但不过一年父亲就因为新旧党争被驱逐，李清照也因此受牵连，被迫与赵明诚分离。后来朝廷大赦天下，李清照得以返回京城，可不久赵明诚的父亲又陷入政治风波，她只好跟丈夫一家回到青州。他们在青州住了10多年，这期间李清照一直辅助赵明诚撰写《金石录》。赵明诚做官后，李清照又随他离开青州，先后到莱州、淄州。1127年，金人南侵，李清照被迫往南方避难，自此开始颠沛流离的后半生。

李清照和赵明诚曾收集了大量的器物、古籍，可战争打响不久，赵明诚就因病去世，他们收藏的文物也在流离转徙中散失大半，这让李清照非常痛苦。据说她后来又嫁过人，但她的第二段婚姻并不幸福。李清照于1134年到金华一带避难，1143年前后完成《金石录》的勘校整理，并将它上表朝廷。这以后的10多年，她孤身一人流浪异乡，最终怀着对故土的思念辞世，享年71岁。

文学拓展

李清照写词，善于把自己的思想情感融于客观景物，常常能够营造出一种委婉而悠远的意境。她的词前期多写悠闲生活，后期多感慨凄凉境遇，语言清丽婉约，通俗优美。

在此，我们选择李清照后期创作的《武陵春·春晚》，来窥探一下她走过大半段人生之后的内心。

武陵春·春晚

宋·李清照

风住尘香花已尽，日晚倦梳头。

物是人非事事休，欲语泪先流。

闻说双溪春尚好，也拟泛轻舟。

只恐双溪舴艋舟，载不动许多愁。

这首词是李清照在金华寡居之时所作。这时的她已是中年妇女，经历了国破家亡、丧夫之痛，又四处辗转漂泊，寄居他乡，孤苦无依。全诗寄情于景，直抒作者心中的愁闷与忧伤，言有尽而意无穷。

第一句"风住尘香花已尽"描写了一幅风停息后，满地落花的晚春景象。春天本是五彩缤纷、生机盎然的，哪怕晚春时节花朵凋零，漫山遍野的葱郁也会令人感到轻快。可在作者眼里，风住、花尽，芳香在尘土间奄奄一息，一切都显得颓败落寞。她没有迎接新一天的愉悦，起床后甚至懒得梳妆打扮。

放眼望去，春色一如往年，但身边的人却早已离自己而去，物是人非。"欲语泪先流"，道出作者内心难言的苦楚。

凝望春景，作者忽然想起从旁人那儿听说的"双溪春尚好"，于是起了到双溪泛舟的念头。可是话锋一转，她的情绪变得更加悲怆起来：只恐怕双溪的小船，载不动我这满腹忧愁吧！"也拟"二字说明作者的想法是一时兴起，并不强烈，"轻舟"则与后文"载不动许多愁"相对，前后呼应，以夸张的手法为难以捉摸的愁绪增添分量，化虚为实，令人读来深感意蕴绵长。

知识拓展

古人的送别礼仪

1. 祖饯

祖饯又称"祖道",是古时人们送别亲友的一种饯行活动。当亲友要远行时,人们通常会在长亭、驿馆等地方为他们设宴送别,聊表不舍与祝福。

祖饯中的"祖"原本是一种送行之祭,用来祭祀路神。司马贞所著《史记索隐》中就有记载:"祖者,行神,送行之祭,故曰'祖'也。"但随着时间的流逝,这种祭祀活动慢慢演变成了饯行送别,因此有了后来人们所说的祖饯。

2. 折柳

古时人们与亲友分别还有折柳相送的习惯。一方面,因为杨柳是一种很容易养活的植物,折柳枝赠予离人,是希望他们也能像杨柳一样尽快适应新环境,平安顺遂地生活下去,其中寄寓了人们对亲友"春常在"的祝愿。另一方面,杨柳枝被认为是能够驱鬼辟邪的事物。《齐民要术》中有载:"正月旦,取柳枝著户上,百鬼不入家。"因此,人们折柳相送是希望离人能在路上消灾解难。

3. 音乐

除了祖饯和折柳,人们在离别之际也常常会奏乐唱歌。李白和汪伦分别时,汪伦就曾为李白唱歌送行:"李白乘舟将欲行,忽闻岸上踏歌声。"荆轲将要前去刺杀秦王之时,高渐离同样击筑为他送别。李清照的《蝶恋花·晚止昌乐馆寄姊妹》中也提到:"四叠阳关,唱到千千遍。"可知她与姐妹们分别前夕,唱了许多遍《阳关曲》。

用音乐送别,将难以言说的感情融于乐声、歌声之中,正反映出国人表达情谊的含蓄。

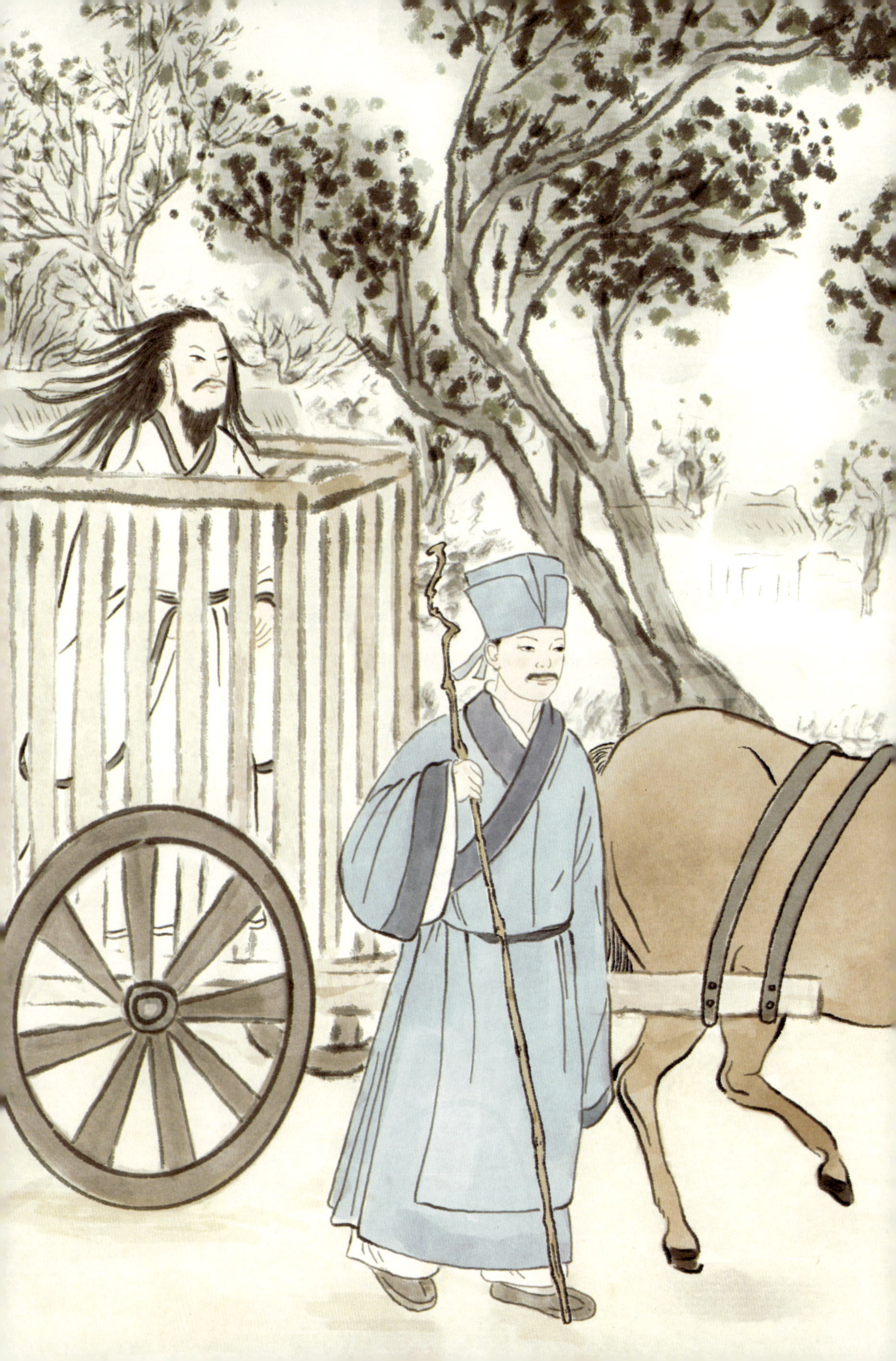

生死交情,
千载一鹗

丞相赴北,某亦往。

生死交情，千载一鹗

在你发达时不贪图好处，
在你受难时愿舍命相陪

1283年初，1月尚未过半。

一片阴霾悄悄笼罩在了元大都上空，都城的大街小巷都在传说南宋名将文天祥即将就义的消息。有人从门窗中探出身来窥视，胆子大的人三三两两朝刑场走去，企图一探究竟。

到了午时，阴霾散去，日头高照，阳光在刑场上洒下层层金辉，却没有带来一丝暖意。刑场中央，年近半百的文天祥傲然站立，高挺脊梁，面无惧色，接受着北风和人群目光的洗礼。时辰到，刽子手手起刀落，一抹白光霎时从这名将领坚毅的脸颊掠过，紧跟着"砰"的一声，人群中响起一阵唏嘘。

行刑完毕，官吏和刽子手都离开了，百姓也一一散去。不多时，有一个人来了，他捧着一个木匣快步走上刑场。只见他轻轻跪倒在文天祥的尸首旁，打开木匣，将名将的头捧起，小心翼翼放进了匣子中。几个冒死前来的江南义士也来到文天祥身旁，他们合力抬起倒在一边的躯干，同捧着木匣的人一起迅速消失在了小巷中。

这以后，张千载每每想起三年前陪同文天祥北上的经历，无不感慨当初自己选择的正确性：那时要是没跟他一起来大都，怕是连最终给他收尸的机会都不会有吧！

没错，这个手捧木匣为文天祥收尸的人，正是张千载——文天祥的挚友。

张千载和文天祥同是南宋时期吉州庐陵县人，从小在一起玩耍、学习，是发小、好哥们儿。两人天资聪慧，幼年时就非常勤勉，深得老师喜欢。传闻，当时给他们教书的先生还把他们视作"双璧"，认定这两人将来定会大有出息。

然而命运弄人，文天祥21岁就高中状元，得以出任高官，张千载却屡次名落孙山。好在张千载并不是一个怨天尤人的人，他坦然面对自己的挫败，同时由衷为好友的成功感到喜悦。

或许旁人只晓得看功名论才干，但文天祥很清楚张千载的能力，常常为张千载不能在朝廷中有所作为而遗憾。因此官运亨通之时，文天祥多次想要提携张千载，可张千载都拒绝了，任凭文天祥怎么请他出山，他硬是躲着，生怕影响了好友的仕途。就这样，文天祥满怀热血在官场上浮浮沉沉，张千载则在乡间过着悠然自得的农家生活。尽管两人身处完全不同的境遇，但他们始终默默牵挂着对方。

时间来到1275年。这一年，文天祥被委派至苏州一带，担任平江府知府。

当时南宋的国力已经衰颓，内有奸臣祸乱朝政，外有元军南下进攻，南宋政权岌岌可危。文天祥多次上书，希望皇帝能够处死奸臣以振士气，并且重新部署军事力量来抵抗元军，可他的意见总是不被采纳。

面对元军南下的如虎之势，南宋军队节节败退，文天祥不得不放弃平江，退守余杭。此后几年，他一直带兵抗敌，誓死将自己的一腔忠诚献给南宋，就如他在《扬子江》中所写："臣心一片磁针石，不指南方不肯休。"

1279年初，经历了被捕、逃亡、丧亲等一系列挫折的文天祥，终于还是落到元军手里。被抓住时，他吞食毒药自尽，但没有成功。元朝将领张弘范十分佩服文天祥的忠贞，便差人好生待他，将他护送到元大都去。自五坡岭到元大都长路漫漫，国破家亡的结局依稀可见，可以想象，文天祥那时候的心情该是多么哀凉。

幸而，这一路上他不需要独自一人背负所有的悲痛，因为他还有一个能够替他分担愁绪的至交好友——张千载。就在元军押送文天祥北行经吉州时，张千载早已打听好消息，等在路上了。一见到文天祥，他禁不住涕泗横流："丞相赴北，某亦往！（你要去北方，我也跟着你去！）"

看着眼前泪流满面的好兄弟，文天祥十分感动，却拒绝了这个要求。他知道自己此次有去无回，不想连累好友。奈何张千载态度强硬，径自打点好了元军，一路陪同文天祥去了元大都。到元大都后不久，文天祥被关进牢房，张千载就在牢房附近找了一个房子住下，默默跟他做伴。

文天祥被拘留在元大都的日子里，元朝皇帝忽必烈一直想要劝降他。文天祥很清楚，只要自己投降，家人团聚、高官厚禄皆唾手可得。然而，他胸膛里的那颗爱国心不许，在《宋史·文天祥传》中记载，他对前来规劝的人说："国亡，吾分一死矣。傥缘宽假，得以黄冠归故乡，他日以方外备顾问，可也。若遽官之，非直亡国之大夫不可与图存，举其平生而尽弃之，将焉用我？（国家亡了，我本当以死殉国。如果因为元朝宽赦，让我以道士的身份回归故乡，将来有机会用世俗之外的身份来给元朝当顾问，倒也不是不可以。可是现在你们让我为了名利地位背叛我的国家，让我放弃自己的抱负和信念，那么元朝用我这样的人又有什么用呢？）"

忽必烈拿文天祥没办法，就把他关在牢房里，这一关就是整整三年。三年时光，张千载全心全意照顾文天祥，为他准备一日三餐，从未间断。他还四处打听文天祥妻女的消息，及时把她们的情况传达给好友。在张千载的陪伴与照顾下，文天祥一直安然度日，哪怕生活在牢房这般艰苦的环境中，他也从未生过一次病。

据说，文天祥在牢中写下了不少诗歌，都是张千载想办法偷带出来的，其中就有这首名传千古的《正气歌》：

> 顾此耿耿在，仰视浮云白。
> 悠悠我心悲，苍天曷有极。

"因为我的心中充满正气，视一切富贵如浮云。只是我心中弥漫着的亡国之痛如苍天广阔无际，看不到尽头。"

一边是来自好友的深情，一边是对南宋和家人的哀思，文天祥怀着诸多纷杂情感，顽强支撑了三年。

1282年，有地方突然传出谣言，说一狂人有兵千人，企图救出文天祥。这事很快传到了忽必烈耳朵里，于是他召见文天祥，问他："你有什么想要实现的愿望吗？"

三年过去，文天祥老了许多，他脸上的皱纹更密，也更深了。可当他抬眼看向忽必烈时，那坚毅的神态和目光一如当初："天祥受宋恩，为宰相，安事二姓？愿赐之一死足矣。（我蒙受宋朝的恩惠，得以成为宰相，怎么能够既为宋朝做事，又给元朝效力呢？希望你能赐我一死，我便满足了。）"

如此，文天祥被忽必烈下令处死。

张千载大概料到了好友的结局，早在暗中为文天祥打造木匣，希望到时能将他的骸骨送回故乡。文天祥英勇就义后，张千载用木匣装他的首级，又想办法联系上他的妻子欧阳夫人。在张千载和几位江南义士的帮助下，欧阳夫人火化了丈夫的尸首，将他的遗骸带回南方老家安葬。

和张千载的这段友谊几乎伴随了文天祥的一生。在他富贵通达时，张千载避而不出，并不接受他的好处；在他为国受难时，张千载舍命相陪，照顾他至临终，让他能够魂归故里。

历史上，张千载并未留下什么功业，他不过是寂寂无名的小人物。但他在朋友交往中所表现出来的无畏和牺牲，跟文天祥"留取丹心照汗青"的忠贞一样，让人敬仰不已。

明代诗人李贽曾在《张千载高谊》中称赞张千载为文天祥所做的一切："千载高谊，亦千载而下所不多见也！"

人物名片

张千载

张千载：南宋人，字毅甫，号一鹗。南宋吉州庐陵县江城人。

  张千载与文天祥为同乡好友，两人从小一起读书，被老师誉为"双璧"。多年后，文天祥高中状元，仕途显达，张千载却一直是举人。但他不愿"攀龙附凤"，多次拒绝文天祥的推举。

  如故事中所述，张千载之于文天祥的义举感动了许多人，众多文人皆对此有所赞誉，如明代李贽的《续焚书》、明代杨慎的《升庵诗话》等。二人之情谊流传后世，如今在"固山古寺"同时供有张氏祖先牌位和文天祥灵牌。每到祭祀之时，张氏后人在焚香祭祖时也会祭奠文天祥。

文天祥

文天祥：初名云孙，字宋瑞，又字履善，南宋末年政治家、文学家，抗元名臣。

德祐元年（1275年），元军南下攻宋，各地南宋驻军在蒙古铁骑的压迫下纷纷叛变，南宋岌岌可危。宋理宗的妻子——皇太后谢道清迫不得已发布《哀痛诏》，叙述继君年幼，国家危亡，号召各地官员、豪杰侠士共同反抗元军，保家卫国。然而仅有两人响应号召起兵勤王，其一便是文天祥。

国破家亡之际，文天祥毅然投笔从戎，走上战场。为了壮大自己的队伍，他不惜散尽家产，招募数万名壮士，组建了一支抗元义军。

没过多久，皇太后率领幼帝向元军投降，文天祥却依然不肯归降，孤军奋战，一直与元军兵马抗战到底。后来文天祥兵败被俘，面对元军的威胁和劝降，文天祥宁死不屈，更是写下《正气歌》《过零丁洋》等流传后世的诗作，表明自己对南宋的赤胆忠心。

文学拓展

文天祥流传下来的诗歌有 800 多首，被收录在《文山先生全集》之中。以元军入侵南宋为界限，文天祥的诗歌风格也有着巨大的差异。

前期，文天祥寒窗苦读，满怀壮志，诗歌以抒发自己志向、表明自己的远大理想或朋友之间的交往为主。后期，南宋风雨飘摇，随时危亡。文天祥的内心感触万千，他将个人命运与家国命运联系在一起，书写了许多脍炙人口的爱国诗，如《正气歌》《过零丁洋》《指南录》等。这些诗歌情感浓烈，言辞恳切，态度真挚，充满着悲壮之情，表明了文天祥宁死不屈、抗争到底的气节，也成了一篇篇流传后世的佳作。

下面一起来赏析一下文天祥的两首诗歌：

过零丁洋

宋·文天祥

辛苦遭逢起一经，干戈寥落四周星。
山河破碎风飘絮，身世浮沉雨打萍。
惶恐滩头说惶恐，零丁洋里叹零丁。
人生自古谁无死，留取丹心照汗青。

祥兴元年（1278 年），文天祥在广东兵败被俘。次年文天祥被押解去崖山，张弘范逼迫他写信招降固守崖山的张世杰、陆秀夫等人，文天祥不从，便写下此诗以明志。

首联两句中，文天祥回顾了自己过去的经历，"起一经"说的是他 21 岁中状元，"四周星"说的是从他出兵勤王至今已有四年。他回顾生平，想起自己入朝为官的远大抱负，接着又想起了国家陷入战争，孤军抵抗已四年之久，因而生发感慨。

颔联两句，文天祥进一步描述了现在国家所处的境遇像是风中飘荡的柳絮，又像是急流中逐水漂泊的浮萍。这个国家就像落入敌人之手的自己，完全看不到出路。

颈联中"惶恐滩"表现的是，文天祥兵败江西，退守福建时经过滩口，湍急的水流映射出他当时惶恐不安的心情。"零丁洋"则是文天祥在广东被俘后，押送途中经过的海港。他望着辽阔的海面，感叹曾经领兵保卫祖国河山的自己，如今孑然一身，壮志未酬。

读完前三联，悲从中来，我们看到了一位英雄无可奈何的一生。但到了尾联最后两句，文天祥一扫前面的忧愁情绪，多了一份洒脱与豪迈。"人生自古谁无死，留取丹心照汗青"这句诗振聋发聩，表明诗人舍生取义、赤忱肝胆的高尚气节，感召并激励着后世无数人。

除夜

宋·文天祥

乾坤空落落，岁月去堂堂。
末路惊风雨，穷边饱雪霜。
命随年欲尽，身与世俱忘。
无复屠苏梦，挑灯夜未央。

这首诗是文天祥在人生中最后一个除夕日所写，当时他身陷囹圄，却从容不迫，慷慨就义。他写下此诗，表明自己的信念与不畏死的决心。

首联描写的是广阔无垠的空间与连绵不绝的时间，显现出此诗内容的厚重。文天祥此时身处牢房之中，但他的思绪已经不为身体所困，超脱于物外，看到南宋壮阔的山川河流和这百年时间的兴衰。

颔联两句文天祥总结了自己的人生，经历很多，但归根结底只有一件事：抗击元军。他用一生时间去做这件事，吃尽了苦头，最终却依旧没有成功。

颈联两句文天祥想起了自己时日无多，便坦然面对，忘掉一切，对这世道不再留恋。

尾联两句描述了文天祥在人生最后时刻的场景：其他人应该都跟家人喝着屠苏酒进入了梦乡，而他却只能在这牢房之中与孤灯相伴。

整首诗虽然透着悲凉，却也有一股壮阔豪迈之情。面对死亡，文天祥并没有流露出一丝贪生怕死，而是表现出慷慨从容、生死俱忘的坦然。这种面对敌人的压迫与死亡威胁，仍能保持从容不迫的精神状态，令后世钦佩不已。

知识拓展

崖山海战

  这是中国历史上最大规模的一次海战。1279 年，元军大败宋军，皇太后谢道清代表南宋向元投降，南宋爱国将领张世杰、陆秀夫率领残余兵力南下广东，继续抵抗元军。

  元军将领张弘范得知南宋残余力量的位置后，率领大部队向宋军发起攻击。宋军将千艘战船以铁索相连，组成堡垒于海上固守，但元军封锁海口切断水源，将宋军围困海上数日。之后，张弘范突然发起攻击，突破宋军的海上堡垒。眼见突围无望，陆秀夫带着幼帝投海自尽，随行的十万军民亦不愿投降，相继跳海。

  崖山海战结束，大宋王朝正式宣告灭亡。

  被元军俘虏的文天祥在崖山海战开始前被带到崖山，张弘范希望他能写信，劝陆秀夫和张世杰投降，文天祥不从。几日后，被囚于船上的文天祥目睹了宋元双方于崖山交战的惨烈状况，亲眼见证了南宋的灭亡。

后　记

儿子读五年级的时候问我，为什么他没有那么多朋友？某个同学老是说话不算话，还能不能和他做朋友？他和某某同学是孙悟空和哪吒的关系，玩不到一起……这个时候我意识到，孩子很在乎朋友。同时，我也无时无刻不在思索自己该如何与朋友相处。但交友这件事情，是没有统一标准和正确答案的。

所以，帮助孩子，是我编著这本书的缘起。

社恐、社牛、宅男、宅女……很多当下流行在成年人中的词汇，其实也会落到孩子身上。我们到底该如何启发和引导孩子交朋友，这对于每一个父母来说都是挑战。

其实，当孩子经常问我为什么他没有那么多朋友的时候，我心里是欣慰的。能问这样问题的孩子，往往能追随内心去和人交往，而不是为了"朋友有用"的功利目的去交友。社恐也好，社牛也罢，只要不违背自己的内心，就是最好的状态。所以我告诉孩子：不用在意有没有朋友这件事情，你的人生道路才刚刚展开，不违心便好，正所谓"莫愁前路无知己"。

我也很希望把这本书献给孩子的家长，让家长也能了解这些故事。这样，会有助于我们和孩子就交友话题深入交流。举个例子，很多孩子假期就喜欢宅在家里，我家孩子也是，这个事情曾经一度很困扰我。我小时候天天在孩子堆里，现在的孩子则天天在电子堆里，这让我担忧。我和他谈了好几次，他说他一个人在家看电视、看书、折纸，挺自在的。自在，让我想起"梅妻鹤子"的故事，也就释然了，还能有比自在更好的状态吗？！

同学之间过生日送礼，也常常是件烦人的事情。刚开始，我们常常帮着策划送什么，后来索性不管了，那是他自己的事情。孩子很喜欢折纸，所以总是折些东西送给同学，虽然不是很贵重，但即使是折个包装，孩子也会折腾几个晚上。礼物与心意该怎么去表达，这一点我们从来没教过他，但看他认真的样子，我看到每个孩子身上都有一种天生充沛的感情。

我在编写这本书的过程中，更加留意孩子的言行，也会请他帮忙出主意。慢慢地我发现，孩子本身就有着难能可贵的质朴之心，我要做的只是保护而已。在这本书中，有很多古人有趣的故事，虽然远远不能包含交友的方方面面，但希望这些故事能给孩子带来些启发和力量，守护他们那颗质朴的心。

最后，我要感谢我的老师郑绍昌先生对我的教导和鼓励，没有他的支持，我没有决心也没有能力完成本书。

图书在版编目（CIP）数据

古人如何交朋友 / 笑闻编著；温雅馨绘 . —— 南京：江苏凤凰文艺出版社，2024.3
ISBN 978-7-5594-7937-2

Ⅰ . ①古… Ⅱ . ①笑… ②温… Ⅲ . ①故事 - 作品集 - 中国 - 当代 Ⅳ . ① I247.81

中国国家版本馆 CIP 数据核字 (2023) 第 158584 号

古人如何交朋友

笑闻 编著　温雅馨 绘

责任编辑	周颖若
特约编辑	郑　直
书籍设计	廖若崧
出版发行	江苏凤凰文艺出版社
	南京市中央路 165 号，邮编：210009
网　　址	http://www.jswenyi.com
印　　刷	北京世纪恒宇印刷有限公司
开　　本	710 毫米 ×1000 毫米　1/16
印　　张	16
字　　数	89 千字
版　　次	2024 年 3 月第 1 版
印　　次	2024 年 3 月第 1 次印刷
书　　号	ISBN 978-7-5594-7937-2
定　　价	59.80 元

江苏凤凰文艺版图书凡印刷、装订错误，可向出版社调换，联系电话 025-83280257